BURGEN UND SCHLÖSSER AM RHEIN

Gabriele M. Knoll

Das liebliche Burgfräulein im Bade —
sicher sah das in der Realität mei-
stens anders aus. Dieser Wandtep-
pich ist auf der Marksburg zu finden.
Rechts: Waffen im Treppenhaus von
Burg Reichenstein.

Sicher, es gab immer auch ruhige Zeiten, wo Feste oder Turniere dem Alltag auf der Burg Glanz verliehen. Trotz aller Bediensteten lebte man jedoch normalerweise eher mühsam, beengt, in zugigen Räumen – und vor allem von Feinden bedroht: Eine Burg schien seinerzeit geradezu zum Kampf herausgefordert zu haben. So waren laufend neue bau- und wehrtechnische Veränderungen notwendig.

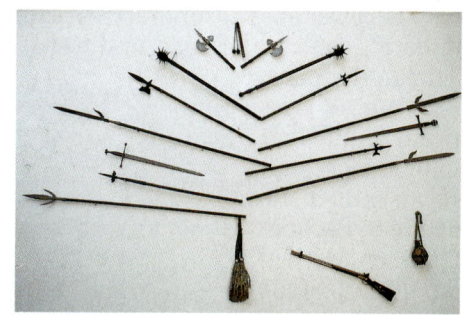

Wer sich im Mittelalter mit bösen Absichten einer Burg näherte, mußte mutig sein: Kaum hatte er den Schutz des Waldes verlassen, war er voll im Blick- und Schußfeld der Burgbewohner. Vom Bergfried, dem höchsten und mächtigsten Turm der Burg, konnten die Verteidiger hervorragend den Zugang kontrollieren und beschießen. Zwar geschützt – aber doch schwerfällig – durch ihre Rüstungen, mühten sich die angreifenden Ritter und ihre Fußknechte mit ihrer Ausrüstung den Berg hoch. Zusätzlich schleppten sie lange Leitern, denn sie wollten nicht nur durch die aufgebrochenen Tore, sondern auch in breiterer Front über die Mauern ins Innere stürmen.

Zuerst mußten sie den Halsgraben überwinden, der das Burggelände vom ansteigenden Berghang trennt. Natürlich war die über den Graben führende Zugbrücke hochgezogen; doch es gelang einigen, die Ketten zu kappen, so daß die Brücke herunterkrachte. Über den geebneten Weg ließ sich das äußere Burgtor leichter angreifen. Mit angespitzten Pfählen versuchten sie das Tor zu rammen, andere behauten die hölzernen Flügel mit ihren Äxten. Vom Wehrgang der Ringmauer fiel ein Hagel aus Steinen und Pfeilen auf die Angreifer. Trotzdem gelang es, das erste Tor aufzubrechen, und die Kämpfer strömten in den äußeren Zwinger.

Nun waren sie ohne Deckung dem Be-

KEINESWEGS ROMANTISCH: LEBEN AUF EINER BURG

schuß von drei Seiten ausgeliefert: Aus den oberen Stockwerken des ersten Torgebäudes wurden sie von hinten beschossen, von vorne kam Gegenwehr aus dem nächsten Torhaus, und die Flanke war voll den Schützen hinter den Zinnen des Wehrganges ausgesetzt. In der Enge des Zwingers und im Kampfgetümmel ließen sich die langen Leitern nur schwer an die Ringmauern anlehnen. Buckelquader, vorstehende Steine und andere Unebenheiten machten die Leiterbesteigung – und erst recht den Kampf – zu einer wackeligen Angelegenheit.

Auch der Vorstoß nach vorn sorgte für größere Schwierigkeiten, denn das zweite Tor besaß noch wirksamere Sicherheitsvorkehrungen als das erste. Ein heruntergelassenes Fallgatter aus Holz und Eisen verhinderte, daß der Feind gleich an die Türflügel herankam und versuchen konnte, sie zu zerstören. Wagte sich ein feindlicher Ritter zu nahe an das Tor, drohte ihm zusätzlich kochendes Wasser oder siedendes Pech, das ihm aus den Pechnasen auf den Kopf gegossen werden konnte. Blasen wir an dieser Stelle den feindlichen Angriff ab!

Bautechnische Tricks zur Abwehr von Angreifern

Wie man sieht, hatten die Burgbewohner zahlreiche Möglichkeiten, sich ungebetene Gäste vom Leibe zu halten – und das mußte man häufiger. Die Burg als ein ständig bewohnter Wehrbau, der Grenzen und Gebiete sichern sollte, zog derartige Auseinandersetzungen an. Galt es doch nicht nur Territorien, sondern auch Rechte und wertvolle Einnahmequellen zu verteidigen.

Für den Bauherrn einer Burg gab es noch andere wirksame Mittel, die Abwehrkraft seines Wohnsitzes zu steigern. Die Abschnitte der Ringmauer – auch Bering genannt –, die besonders gefährdet waren, konnte er als Schildmauer aus höherem und mächtigerem Mauerwerk errichten lassen. Wie der Schild des Ritters schützt zum Beispiel der »Hohe Mantel« die Schönburg bei Oberwesel; Burg Ster-

Zum vielfältigen Abwehrsystem der Burgen gehörte der äußere Zwinger. Auf der Marksburg wurde er später mit einem schmalen Gartenstreifen versehen.

renberg bei Kamp-Bornhofen besitzt sogar zwei Schildmauern.

Man setzte überdies vor die Flucht der Ringmauer Türme, damit man angreifende Feinde aus nächster Nähe auch schon von der Seite beschießen konnte.

Der wichtigste und alles überragende Turm war der Bergfried. Hierhin flüchteten die Burgbewohner, wenn sämtliche Verteidigungsversuche gescheitert waren, denn für diesen Zweck hatte man den Bau entsprechend ausgestattet. In der Höhe des Erdgeschosses verhinderten ein bis zwei Meter mächtige Mauern, daß ein Feind sie durchbrach. Manchmal hatte der Burgherr dafür auch einen massiven Sockel gewählt. Der Eingang lag grundsätzlich einige Meter über dem Boden und war nur mit Leitern oder

Nach und nach wurde es eng in manchem Burghof, weil neue Gebäude oder Umbauten Platz benötigten; hier ein Blick aus dem fast dreieckigen Hof der Marksburg zur Spitze des imposanten Bergfrieds.

durch eine kleine Brücke von benachbarten Gebäuden erreichbar. Beide Zugangsmöglichkeiten ließen sich im Ernstfall entfernen, um Verfolgern den Weg abzuschneiden.

Hatte sich nun der Burgherr mit sei-

Mächtige Schildmauern wirkten nicht nur abschreckend auf Angreifer, sie hatten selbstverständlich vor allem eine Schutzfunktion; diese hier gehört zur Burg Sterrenberg.

Jeder Gebäudezugang auf einer Burg war mehrfach gesichert und lag möglichst so hoch, daß der Feind ihn ohne Leiter nicht erreichen konnte – das zeigt diese Fallgitter-Tür auf der Pfalzgrafenstein.

nen Leuten im Bergfried verschanzt, nutzten ihm die hoffentlich vorher eingelagerten Vorräte an Lebensmitteln und Munition. Ihre Kostbarkeiten bewahrten die Burgherren oftmals auch im Bergfried auf; dazu gehörten nach damaligem Verständnis hin und wieder Gefangene, die im untersten Raum dahinschmachteten und auf ihre Auslösung hofften. Ein solches Verlies war meist winzig und besaß nur in der Decke ein sogenanntes Angstloch, durch das der Gefangene hinuntergelassen wurde und auch sein Brot und Wasser bekam. Auf Pfalzgrafenstein hat man übrigens die letzten beiden Gefangenen im Verlies »vergessen«. Vermutlich wurden ihre Zollschulden nicht bezahlt.

Genug von Kampfgetümmel und Belagerung! Wenn auch die Burg für solche extremen Situationen geplant und errichtet wurde, so sah der Alltag weit harmloser aus. Der Burgherr überwachte als Stellvertreter des Landesherrn oder als eigenständiger Landesvater, daß sich niemand seinen Befehlen widersetzte und keine Abgaben unterschlagen wurden. Gleichzeitig mußte er dafür sorgen, daß die Lebens- und Arbeitsgemeinschaft auf seiner Burg funktionierte. Seine Frau kümmerte sich um Kinder, Küche, Kirche und Kultur.

Die Knaben lernten kämpfen, die Mädchen lesen

Die Jungen begannen früh, das umfangreiche Kriegshandwerk zu lernen. Mit 15 Jahren erhielten sie die Schwertleite. Der Heranwachsende bekam in einer feierlichen Handlung das Schwert umgegürtet und zählte nun zu den Erwachsenen und Rittern. Im Unterricht der Mädchen war dagegen mehr Zeit für die Kunst des Lesens und Schreibens. So kam es nicht

8 selten vor, daß sich der Ritter als Analphabet durchs Leben schlug, während seine Frau den Kampf mit Buchstaben locker meisterte.

Brauchte den geschütztesten Platz: der fensterreiche Palas

Die »gute Stube« der Burg war der Palas. Hier engten keine wehrtechnischen Überlegungen den Bauherrn ein, sondern er konnte seinen Wohlstand und seinen Kunstsinn demonstrieren. Der Palas gilt als das standesgemäße Bauwerk des Rittertums. Unter den verschiedenen Gebäuden einer Burg fällt er durch seine zahlreichen großen Fenster auf. Da die vielen Maueröffnungen im Falle eines Angriffs lauter Schwachpunkte darstellten, setzte man den Palas stets an den geschütztesten Platz des Geländes. Die Ritter im Rheintal wählten dafür einen Standort gleich am Steilhang zum Fluß.

Im Untergeschoß wurden meist Wirtschafts- und Lagerräume eingerichtet, wozu selbstverständlich auch die Küche gehörte. Auf größeren Burgen, wie etwa der Marksburg, verteilten sich die Räume über mehrere Geschosse. Über dem Weinkeller befindet sich in einem erhöhten Erdgeschoß die geräumige Küche, die erahnen läßt, daß für den mittelalterlichen Großhaushalt viel Raum nötig war. Unsere moderne Küche erscheint dagegen wie eine »Kochkammer«.
Im nächsten Geschoß folgt der Rittersaal, der eigentliche Palas. Sein Name

Eine Burg hatte Funktionen zu erfüllen, äußerer Schmuck war da überflüssig. Ausnahmen bestätigen die Regel, wie dieser Wasserspeier-Kopf von Burg Lahneck zeigt.

ging im Laufe der Zeit auf das gesamte Gebäude über. Von der Enge des Burglebens ist in diesem Saal nichts zu spüren. Die weit gespannte Balkendecke muß durch einen Unterzug und eine hölzerne Säule gestützt werden. Nicht nur ein großer, hoher Raum war nach mittelalterlichem Verständnis ein Luxus, sondern auch seine »Heizung«. Obwohl ein Kaminfeuer zum Heizen eines Saales nicht gerade das Optimale ist, bot es der Burgherrnfamilie größeren Wohnkomfort. Dem Gros der Bevölkerung blieb nicht viel mehr übrig, als zu frieren oder eng zusammenzurücken.
Selbst die hohen Fenster waren je nach Jahreszeit Luxus oder Problem. Wenn es ging, lagen die Fenster in der Südwand des Gebäudes, um mög-

Bei weitem nicht alle Burgen hatten so eine weitläufige Reitertreppe wie die Marksburg. Auf ihr gelangten der Burgherr oder Gäste bequem zu Pferde in den innersten Burghof.

Auch so ein übler Trick zur Abwehr angreifender Feinde war der Feuerkorb; gefüllt mit brennendem Material landete er dem Gegner auf dem Kopf. Hier hängt er an einem Turm der Burg Rheinstein.

lichst viel Wärme und Licht hineinzulassen. Bevor sich gegen Ende des 14. Jahrhunderts das Fensterglas durchsetzte, hatte man durch die vorgespannte, geölte Leinwand oder Pergament als halbwegs lichtdurchlässige Materialien viele Unannehmlichkeiten. Auch die zusätzlichen hölzernen Fensterläden dürften kaum verhindert haben, daß es in der guten Stube der Burg ordentlich zog. Als nützliche Dekoration hängte man gern Wandteppiche auf. Für die gemauerten Sitzbänke in den Erkern bot sich damit eine wärmere Lehnfläche.

Die Ritterfamilie kam mit sparsamer Möblierung aus. Mit einfachen Tischen und Bänken begnügte man sich. Sitzkissen schufen etwas Bequemlichkeit, und nur der Burgherr und hochrangige Gäste besaßen das Vorrecht auf einen gemütlicheren Faltstuhl mit Lehne und Armstützen. Nach der Mahlzeit räumten die Diener nicht nur das Geschirr und die Essensreste fort, sondern auch den Tisch – die Tafel wurde »aufgehoben«.

Meist täglich ein Braten aus der Burgküche

Zwischen dem Speisezettel der Ritter und der Bauern gab es beachtliche Unterschiede. Am deutlichsten wird dies beim Fleischkonsum, denn die Jagd war ein Privileg der Herren. So konnte das ganze Jahr über Braten in der Burgküche schmoren, während es beim einfachen Volk in der Regel nur im Winter etwas Fleisch vom selbst gehaltenen Vieh gab. Die Konservierung und Lagerung von Fleisch war noch recht problematisch. In den Rauchfang des großen Burgküchenkamins wurden Würste und Schinken zum Räuchern gehängt. Man konnte es sich leisten, ständig ein Feuer brennen zu lassen. Sägeblattähnliche Eisen hielten die Kochtöpfe im gewünschten Abstand zur Glut. Reichte die Temperatur nicht, konnte man die Eisenhalterung stufenweise nach unten verschieben und den Topf somit näher zur Hitze bringen. Den passenden Ausdruck dafür kennen wir heute noch: »Einen Zahn zulegen!«

In der Liebfrauenkirche zu Oberwesel, einem sehenswerten Bau der Hochgotik, befindet sich dieses Grabmal, das einen hochgerüsteten Ritter und seine Gemahlin in seinerzeit modischer Kleidung zeigt.

Das Feuer und die Heizmöglichkeit verhalfen anderen Räumen der Burg zu ihrem Namen; beheizbare Stuben nannte man »caminatae« – Kemenaten. Sie lagen entweder über dem Palas oder sie bildeten ein eigenständiges Gebäude. Die Wohn- und Schlafräume haben wieder vertrautere Ausmaße, hier sollte schließlich die Heizung eine angenehme Temperatur schaffen können. Doch verraten einige Details, daß dies auch nicht so klappte. Das Bett ist von Vorhängen und einem Betthimmel umgeben; es bildet einen Raum im Raum. Die Verkleidung des Bettes sollte gegen den bekannten Luftzug und Kälte schützen; der Betthimmel verhinderte, daß Ungeziefer auf die Schlafenden fiel. Die Burgbewohner trugen keine

Nachtbekleidung, sondern krochen nackt unter die Wolldecken oder Felle. Nur eine Schlafmütze setzte man auf – wegen des Luftzugs!

Auch die Kemenaten sind mit wenigen Möbeln ausgestattet. Die Gewänder stapelte man in Truhen. Schränke kamen zwar im ausgehenden 13. und frühen 14. Jahrhundert auf, doch setzten sie sich auf den Burgen nicht so schnell durch. Der Dreiecksstuhl wurde dagegen im späten Mittelalter ein beliebtes neues Möbelstück. Tagsüber rückte man ihn in der Kemenate näher ans Licht und richtete dafür einen entsprechenden Platz nahe beim Fenster ein.

Die Fensternische mit den gemauerten Sitzbänken kann gelegentlich die Größe einer kleinen Kammer errei-

Rüstungen kann man in manchem Museum und auf einigen Burgen sehen. Sehr gut dargeboten werden sie in der Marksburg, wo auch diese Rüstung aus dem 14. Jahrhundert steht.

Wenn der Koch sich mit dem Fertigstellen der Mahlzeit beeilen sollte, mußte er den Topf an der Sägezahnhalterung dichter ans Feuer hängen; davor ein seinerzeit beliebter Dreiecksstuhl.

chen oder wie ein Erker erscheinen. Wenn man sich daraufhin einmal die Außenwände der Kemenate oder auch des Palas genauer anschaut, sieht man, daß diese Nischen häufig gar nicht aus der Bauflucht hervorragen, sondern sie sich ganz im zwei bis drei Meter dicken Mauerwerk befinden.

Der Aborterker sollte dagegen schon frei über dem Abgrund hängen. Er war so angebracht, daß alles in den Burggraben oder auf den Steilhang hinunterfiel. Im Falle eines Angriffs ließ sich das Plumpsklo mühelos zur Pechnase umfunktionieren.

Ein Hauskaplan für Seele und Unterricht

Zum Wohnbereich der Burg gehörte eine Kapelle. Vom Platz und den finanziellen Möglichkeiten des Ritters hing es ab, ob ein kleiner Altarerker, ein Raum neben dem Palas oder ein selbständiges Kapellengebäude errichtet wurde. Auf den großen Burgen zählte ein Hauskaplan zu den ständigen Bewohnern. Morgens las er die Messe, und anschließend unterrichtete er die Kinder und Knappen.

Neben dem herrschaftlichen Wohnbereich gab es auch noch einen weniger feinen für das Gesinde. Bereits im Baumaterial unterscheiden sich die verschiedenen Gebäude voneinander, denn die Wohnungen der Mägde und

Knechte wurden aus Holz gezimmert. Um den Fachwerkhäusern mehr Schutz zu bieten, setzte man sie häufig mit einer Wand an die Ringmauer. Bei großen Anlagen können sich diese

Daß man auf der Marksburg eine beachtliche »Lebensqualität« hatte, zeigt sich auch in der Größe der Küche, die – ebenso wie die Feuerstelle – bemerkenswerte Dimensionen aufweist.

Große Kochkunst war auf den Burgen normalerweise nicht zu erwarten, doch satt wollte man werden. So gehörte selbstverständlich ein Backofen in jede Burg. Dieser steht in der Pfalzgrafenstein.

Wohngebäude zusammen mit den Stallungen und Scheunen auf dem Gelände der Vorburg befinden.
Ein heikler Punkt im Burgenalltag war die Wasserversorgung. Brunnen mußten teilweise über 100 Meter tief in den Fels gehauen werden, um an den Grundwasserspiegel heranzukommen. Manche Höhenburg benötigte dafür einen Schacht, der bis auf das Niveau der Talsohle reichte. Ein Brunnenhäuschen oder seltener ein Brunnenturm schützten die empfindliche Stelle und ermöglichten durch eine Haspelvorrichtung, das kostbare Naß ans Tageslicht zu kurbeln. Verhinderte der Felsen unter der Burg einen Wasserschacht, blieb den Bewohnern nichts anderes übrig, als sich mit dem gesammelten Regenwasser zu begnügen. Gelegentlich ergänzte eine Zisterne auch die Wasserversorgung durch den Brunnen. Erst ab dem 16. Jahrhundert legte man Wasserleitungen zu den Burgen.

Den Lebensunterhalt sicherte der große Landbesitz

Wie kamen die Burgbewohner zu den anderen lebensnotwendigen Dingen des Alltags? Scheunen und Lagerräume befanden sich zwar innerhalb der Ringmauern, Federvieh gackerte und schnatterte in den verschiedenen Höfen, doch das reichte längst nicht. Um dieser Frage nachzugehen, müssen wir einen kurzen Blick auf die Gesellschaftsordnung während des Mittelalters werfen. Wie schon erwähnt, setzte der König, später auch der Erzbischof, Grafen als Verwaltungsbeamte, Richter und militärische Führer über Gebiete seines Reiches ein. Er bezahlte diese Leistungen nicht mit Geld, sondern gab den Adeligen – zu denen auch die Ritter zählten – Land, das ihren Lebensunterhalt sicherte. In der Regel war der Landbesitz so groß, daß ihn ein Grundherr mit seinen Knechten und Mägden nicht alleine bewirtschaften konnte.
Oftmals waren noch wichtige Pionierarbeiten zu leisten. Das Land mußte erst urbar gemacht werden: Wälder waren zu roden und feuchte Gebiete

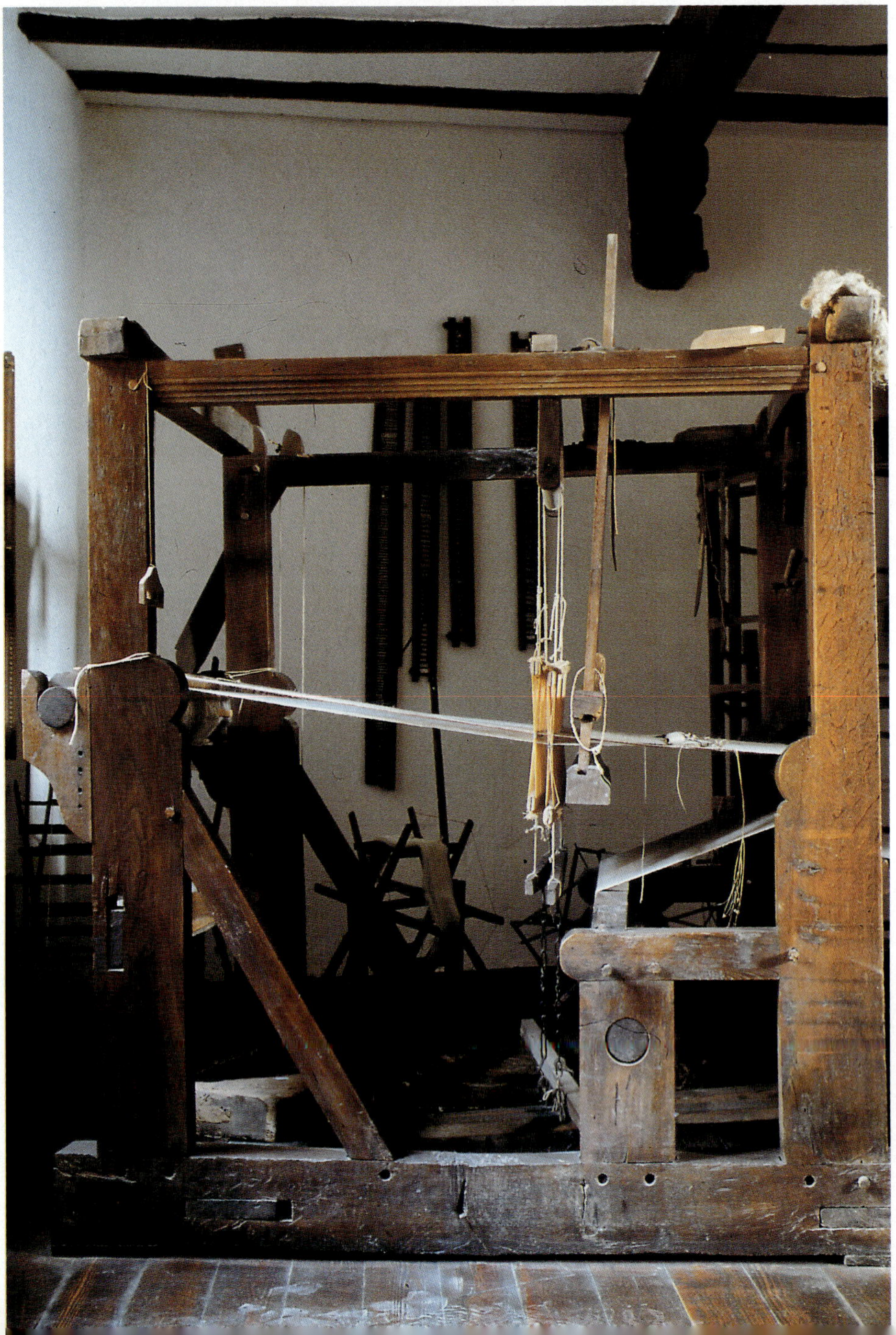

Was an Stoffen und Geweben auf der Burg benötigt wurde, stellte man selber her – das demonstriert auch dieser Webstuhl, der in der Marksburg steht.

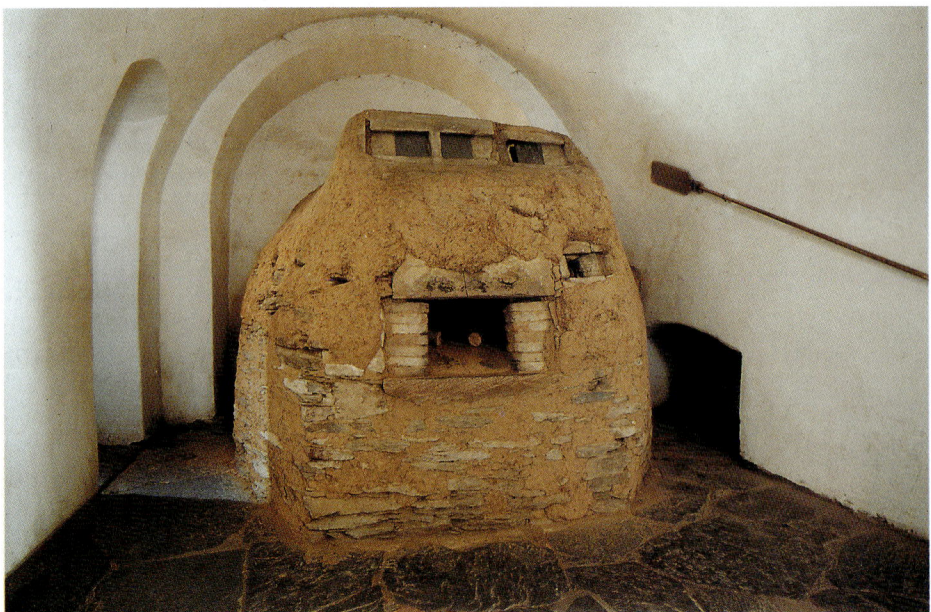

Weinliebhaber waren sie fast alle, die Burgherren. So hatte jede bessere Burg, hier ist es wieder die Marksburg, einen mehr oder weniger großen Weinkeller.

und Kleinvieh. Handwerkliche Erzeugnisse, wie Bretter, Leitern, Leinenstoffe und Wolle, konnte der Herr von seinen Untergebenen fordern, ebenso hatten diese für anfallende Saisonarbeiten ihre Arbeitskraft kostenlos zur Verfügung zu stellen.

Wein war das einzige standesgemäße Getränk. Die große Nachfrage bei Rittern, den Kirchenleuten, aber auch dem aufstrebenden Bürgertum in den Städten, sorgte nicht nur für die weiteste Verbreitung des Weinbaus in Mitteleuropa, sondern ebenfalls für einen regen Weinhandel im Rheintal. Und hieraus schöpften zahlreiche Burgen- und Zollrechtsbesitzer am Rhein nicht unerhebliche Einnahmen. Sie hatten das Glück, an einem der Hauptverkehrswege Europas zu sitzen – und zu kassieren.

Höhepunkte des Jahres: Feste, Turniere, Minnedienst

Womit beschäftigte man sich auf der Burg nach der Arbeit? Die Feierabende dauerten nicht viel länger, als es Tageslicht gab, denn Kerzen, Pechfakkeln oder Öllampen waren teuer und wurden sparsam verwendet. Feste und hochrangige Besuche zählten zu den herausragenden Ereignissen. Bei diesen Gelegenheiten wurde besonders üppig getafelt. Ein Menü mit elf oder zwölf Gängen konnte die Gesellschaft schon vor eine große Aufgabe stellen. Ein anschließender Tanz müßte dann eine willkommene Verdauungshilfe gewesen sein. Musizieren, singen und spielen mit Würfeln oder Karten ließ sich gut im kleineren Rahmen. Ritterturniere waren Höhepunkte im Burgenalltag, von denen man noch lange erzählen und zehren konnte.

Eine beliebte Beschäftigung, mit der wir heute den »edlen« Ritter verbinden, war der Minnedienst. Nicht nur der Dienst für seinen Landesherrn, für die Kirche und das Christentum, sondern auch den Schutz und die Verehrung vornehmer Frauen hatten sich die Ritter auf ihre Fahnen geschrieben. Liebesgedichte und -lieder wurden gesellschaftsfähig, gingen sogar in die Literatur ein.

trockenzulegen, um Ackerbau betreiben zu können. Der Lehnsherr vergab das Land an Bauern, die sich eine sogenannte Ackerstelle neu erschließen wollten. Dafür mußten sie dem Landbesitzer Abgaben und Arbeitsdienste leisten.

Die abhängigen Bauern lieferten den Burgbewohnern nahezu alles, was diese für den täglichen Bedarf brauchten. Nicht nur von den Feldfrüchten mußte eine festgelegte Menge zu einem bestimmten Termin abgegeben werden, sondern auch vom Geflügel

Eine der imposantesten Burgenanlagen – auch die Ruine ist noch beeindruckend – ist die Rheinfels bei St. Goar. Rechts: Das Tor samt Fallgitter gehört zur Martinsburg in Oberlahnstein.

Mit königlicher Genehmigung ging es 840 mit dem Burgenbau los. Man lernte später, Steinburgen in der Höhe zu errichten und erlebte zwischen dem 12. und 14. Jahrhundert die Blütezeit des deutschen Burgenbaus.

Keine Burg hat sich in ihrem ursprünglichen Zustand erhalten. Im Lauf der Jahrhunderte wurde jede Anlage immer wieder verändert: Die Zahl der Gebäude erhöhte sich, die Befestigungsanlagen mußten den Entwicklungen in der Kriegstechnik angepaßt werden; oft waren nach Angriffen und Zerstörungen, aber auch nach Bränden, Neubauten nötig. Oder die Burgherren wollten nicht länger in ihrem alten Palas wohnen, und ein moderner, im gotischen Stil, entsprach mehr ihren Vorstellungen. Die einzige Höhenburg, die nie durch feindlichen Beschuß zerstört wurde, jedoch den üblichen Wachstumsprozeß eines Wehrbaus zeigt, ist die Marksburg.

Versuchen wir, einen Überblick darüber zu bekommen, welchen Veränderungen die rheinischen Burgen in ihrer Geschichte ausgesetzt waren. Die Anfänge des Burgenbaus im frühen Mittelalter lassen sich gut festlegen, da nur mit königlicher Genehmigung eine Burg gebaut werden durfte. Im Juli 864 erließ Karl der Kahle das sogenannte Edictum Pistense, mit dem er seine ausschließliche Verfügungsgewalt deutlich macht. Er bestimmte, wo Wehrbauten gegen Feinde von außen errichtet werden sollten und wo Befestigungen, die innerhalb des Landes Unruhe verursachten, abzureißen waren.
Otto der Große erwähnte 940 erstmals den Burgbann – eine äußerst nütz-

KURZGEFASSTE GESCHICHTE DER BURGEN AM MITTELRHEIN

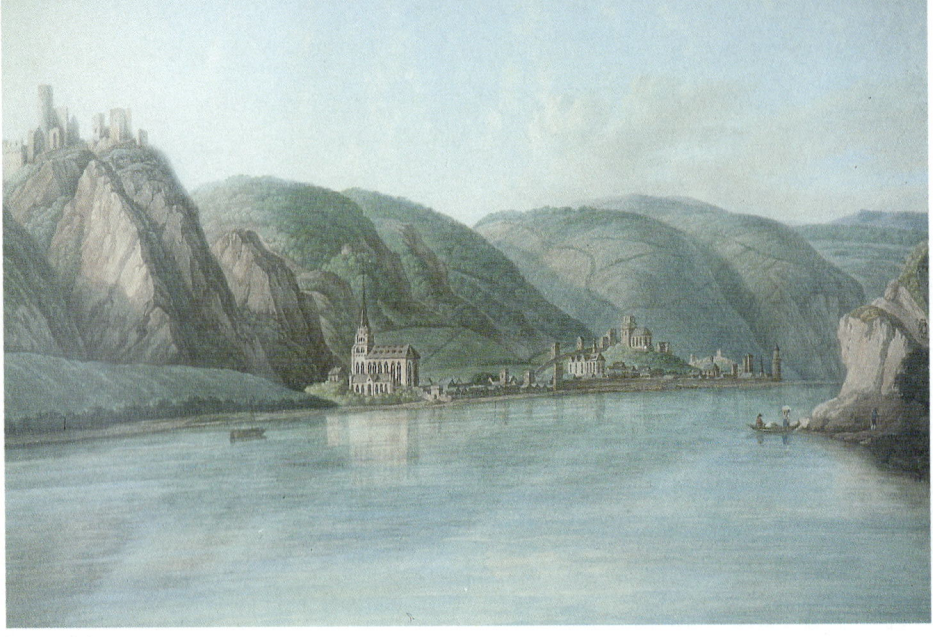

Diese historische Darstellung der Schönburg ist auf der Sooneck zu finden. Die seit dem 17. Jahrhundert verfallende Anlage wurde seit Ende des 19. Jahrhunderts rekonstruiert.

liche Regelung für den zukünftigen Burgherrn. Ein solcher Bann umfaßte die Gebiete um den neuen Burgenstandort, aus denen die Bevölkerung für den Bau anzutreten hatte. Als Lohn mußte ihnen der Burgherr im Falle eines Angriffs dort auch Zuflucht gewähren. Der König hatte dagegen ständig einen Fuß in der Tür. Er besaß das Öffnungsrecht und konnte damit jederzeit eine eigene Besatzung auf die Burg legen.

Nur auf Reichsburgen war der König alleiniger Hausherr

Neben diesen Territorialburgen verfügte der König noch über Reichsburgen, wie beispielsweise die Schönburg bei Oberwesel, die ihm direkt unterstanden. Hier war er der alleinige Hausherr. Die mittelalterliche Feudalgesellschaft und das Lehnswesen bildeten die politische und soziale Grundlage für den Burgenbau.
Aber auch die technischen Voraussetzungen für derartige große Bauwerke mußten erst einmal gegeben sein. Der Umgang mit dem Steinbau war im 10. und 11. Jahrhundert noch keine Selbstverständlichkeit. Wohnhäuser und sogar viele Kirchen bestanden aus Holz- und Lehmfachwerk. Beim Beschaffen des Baumaterials ließen sich selbst auf den exponierten Höhen zwei

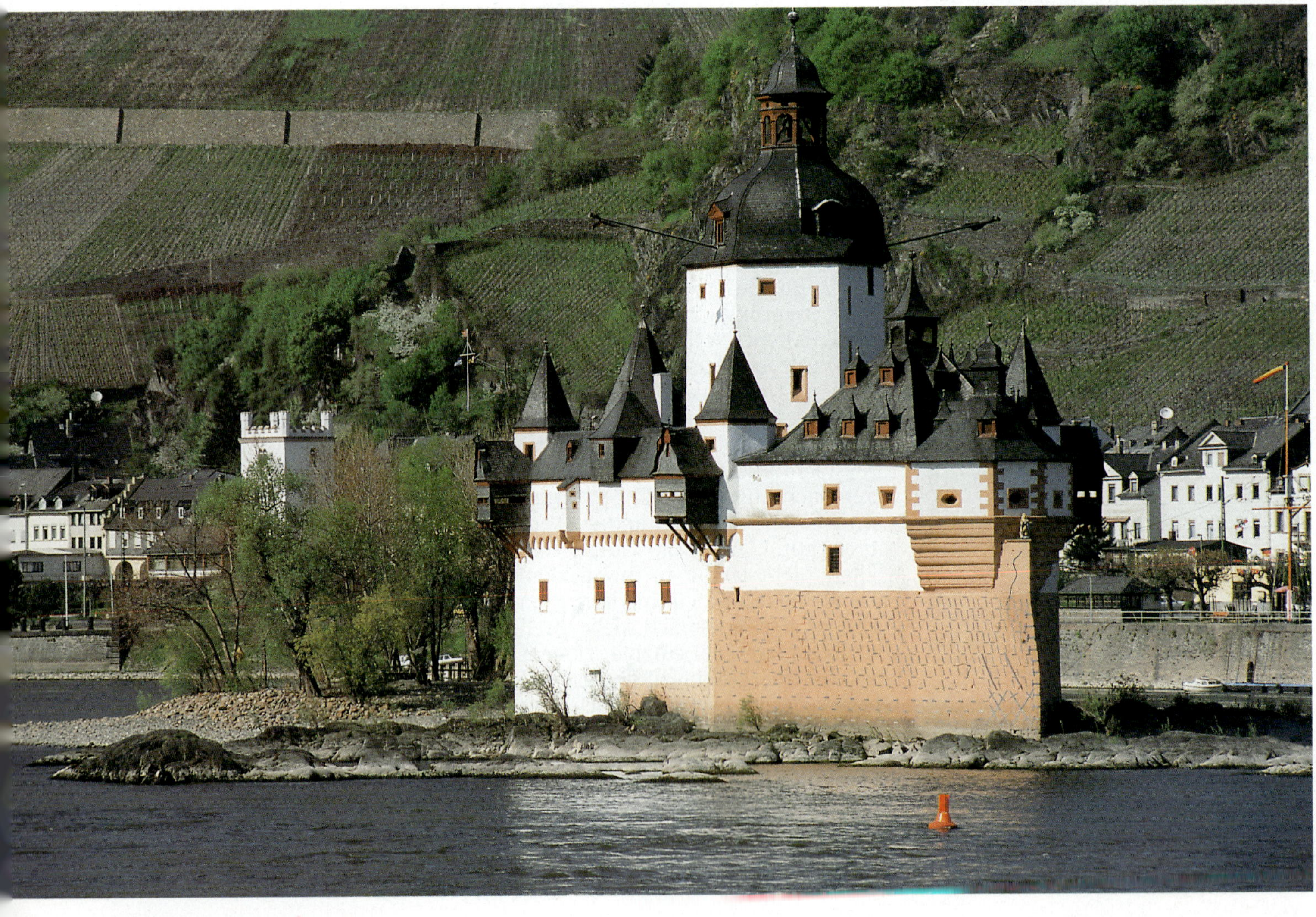

Die Zollburg Pfalzgrafenstein auf einer Rheininsel (mehr darüber im folgenden Kapitel) entstand im 14. Jahrhundert, der Blütezeit des deutschen Burgenbaus.

Fliegen mit einer Klappe schlagen: Durch das Roden des Waldes gewann der Burgherr seinen freien Baugrund – vielleicht auch noch den Weg dorthin – und vor allem das nötige Holz. Ähnlich ging es ihm mit dem felsigen Untergrund. Hier hub er Gräben aus, und dort errichtete er mit dem herausgebrochenen Gestein das Mauerwerk. Doch reichten diese Materialien selten aus, so daß zusätzliche Steinbrüche, aber auch Sand- und Kalkgruben angelegt werden mußten.

Die Arbeiten hatten zügig voranzuschreiten, eine lange Bauzeit oder Unterbrechungen, wie sie beim mittelalterlichen Kirchenbau häufig vorka-

men, konnten für die Burg gefährlich werden. Feinde warten selten! Auf Großbaustellen gab es spätestens seit dem 12. Jahrhundert Bauhütten, wie sie uns bei Kathedralen als Dombauhütten geläufig sind. Der Baumeister suchte die notwendigen Handwerker und Hilfsarbeiter zusammen, organisierte die Arbeitsabläufe, zahlte die Löhne aus und war für den reibungslosen Ablauf verantwortlich. Als Architekt konnte ein Baumeister auch die Pläne der Burganlage entwerfen. Nach fünf, maximal zehn Jahren stand eine größere Burg.

Zuerst begann man mit dem Burgenbau in der Tallage. Solche Niederungs-

oder Niederburgen wurden von Wassergräben umrahmt, die allerdings den Nachteil hatten, in kalten Wintern zuzufrieren. Damit war dieser Schutz hinfällig. Festungsbauten im Fluß, wie der Pfalzgrafenstein bei Kaub, waren dagegen sicher angelegt. Als älteste Niederungsburgen aus dem späten 10. und frühen 11. Jahrhundert sind heute im Rheingau die Ruine Walluf und die Brömserburg in Rüdesheim erhalten.

Höhenburgen: sicherer Standort, guter Überblick

Eine zweite und die im Rheintal vorherrschende Gruppe bilden die Höhenburgen. Entweder mit der Gipfellage, der Sporn- oder Hanglage, suchte man seit dem 11./12. Jahrhundert einen sicheren Standort. Von allen Plätzen aus war ein guter Blick ins Tal gefragt, denn die Kontrolle des Hauptverkehrswegs Rhein bedeutete nicht nur Sicherheit, sondern auch Einnahmen.

Das frühe Mittelalter brachte noch zwei weitere befestigte Bautypen hervor, die auch am Mittelrhein zu finden sind. Pfalzen dienten den Königen und Kaisern als vorübergehender Wohnsitz. Erst ab dem 13. Jahrhundert wohnten sie in festen Residenzen. Bis zu dieser Zeit besaßen sie im Reich verstreut ihre Pfalzen, wie etwa in Aachen, Goslar oder Frankfurt, zwischen denen man mitsamt dem Hofstaat hin und her zog.

Zwar befestigt, aber doch repräsentativ – die Pfalzen

Eine Pfalz setzte sich ähnlich wie eine Burg aus verschiedenen Gebäuden zusammen. Kernstück war ein Saalbau, eine aula regia, die dem Rittersaal entspricht. Hinzu kamen Wohn- und Wirtschaftsgebäude. Die gesamte Anlage wurde von Mauern und Gräben geschützt. Im Vergleich zu den Burgen war eine Pfalz jedoch mehr ein repräsentativer Baukomplex, der eben der Stellung eines Königs entsprach. Reste einer ehemaligen Kaiserpfalz finden sich noch in Ingelheim.

Die ersten Bauten der Schönburg über Oberwesel entstanden im 11. und 12. Jahrhundert; zweihundert Jahre danach wurde die Burg erheblich erweitert.

18 Dort – genauer in Oberingelheim – stößt man auf das seltene Beispiel einer Wehrkirche. Auch Kirchen umgab man gelegentlich mit Befestigungsanlagen, mit Mauern und Türmen. In unruhigen Zeiten konnte sich die Gemeinde, der keine Burg als Zuflucht offen stand, in eine solche Kirchenburg zurückziehen.

Im 12. und 13. Jahrhundert entstanden viele neue Burgen

Unter der Herrschaft der Stauferkaiser (1125–1250) erlebte das Reich einen wahren Bauboom. Die Regenten ließen das Land planmäßig befestigen, wobei die wichtigsten Landschaften wie das Rheintal ganz besonders abgesichert werden sollten. In seinem oberen Abschnitt entstanden die beeindruckenden Kaiserdome zu Speyer und Worms. Im mittleren Rheintal verteilte man an seine Lehnsleute eif-

Manches ging beim Zollkassieren nicht mit rechten Dingen zu, das Raubritterwesen blühte. Der Warentransport auf dem Rhein war nicht nur sehr teuer, sondern zusätzlich gefährlich geworden. 1254 schlossen sich die Städte und die am Mittelrhein regierenden Kurfürsten im Rheinischen Städtebund zusammen, um sich gemeinsam gegen das Berauben am Haupthandelsweg zu wehren. Der Erfolg ließ auf sich warten.
Erst 1274 gelang es Rudolf I. von Habsburg – quasi als Einstand in seine

Zeit bei Neu- und Umbauten entsprechend ein. Hohe, mächtige Schildmauern entstanden im 13. Jahrhundert, um die gefährdetste Seite wir-

rig das Recht, Burgen zu errichten. Daneben bauten Adelige zunehmend Burgen, ohne eine königliche Genehmigung dafür zu besitzen. Diese Bauwelle reichte bis in das 14. Jahrhundert. So vergrößerte sich die Zahl der Zollstätten am Mittelrhein von 19 am Ende des 12. Jahrhunderts auf 32 in der Mitte des 13. Jahrhunderts.

Regierungszeit –, wichtige Raubritternester auszuheben. Die Burgen Rheineck, Sooneck, Reichenstein und Rheinstein fielen seinen Rachezügen zum Opfer, nur Burg Rheinfels belagerte er erfolglos.
Auf die verstärkten Angriffe und die Weiterentwicklung der Kriegstechnik richteten sich die Burgherren in jener

kungsvoller zu schützen. Auch die Zwinger wurden zu einem festen Bestandteil. Die Bevölkerung der im Schutz der Burgen gewachsenen Dörfer brauchte diese Fluchtmöglichkeit im Ernstfall. Für die Burgherren war ein solcher Schutz nicht nur eine Tat aus christlicher Nächstenliebe; schließlich sicherten die abhängigen Bauern den Lebensunterhalt des Ritters.

Auch Details der Festungsarchitektur veränderten sich. Im späten Mittelalter ging man dazu über, die Zinnen zu vermauern und die neuen Flächen dafür mit Schießscharten zu versehen. Eine einschneidende Veränderung brachte das späte 14. Jahrhundert: Die Feuerwaffen lösten die Armbrust ab. Dank der Fortschritte in der Eisenverarbeitung war man in der Lage, nicht nur das Eisen zu schmieden, sondern es ebenso zu gießen. Die Eisenkugeln waren erfunden. Darauf reagierte mancher Burgherr beim Neubau seines Bergfrieds: Im ausgehenden 14. und frühen 15. Jahrhundert stellte man den Hauptturm schräg zur möglichen Angriffsseite. Die Geschosse streiften dann nur die mächtigen Steinquader und prallten ohne größere Schäden wieder ab.

Bereits im 14. Jahrhundert wurde die Burg modernisiert

Modische Veränderungen gab es in der Burgenarchitektur natürlich ebenso. Ab dem 14. Jahrhundert bevorzugte man schlankere Bergfriede, deren Bruchsteinmauerwerk zunehmend verputzt wurde. Schließlich setzte

Die Reichenstein bei Trechtingshausen »begann« im 11. Jahrhundert als Spornburg, wurde spätert erweitert, 1689 gesprengt und im vorigen Jahrhundert im historistischen Stil wiederaufgebaut.

Ein künstliches Idyll erfreut das Auge des Besuchers: die Moosburg im Park des Biebricher Schlosses wurde 1805 gleich als Ruine errichtet – nach dem damaligen Motto: Wer keine Ruine hat, der baut sich eine.

Zu den im Zuge der Rheinromantik
im 19. Jahrhundert wiederaufgebau-
ten Burgen gehört die Reichenstein.
Die Innenausstattung – hier ein Blick
in die Bibliothek – erfolgte ebenfalls
im Geschmack jener Zeit.

man ein vorkragendes – überstehen-
des – Obergeschoß darauf und versah
dieses noch mit Ecktürmchen. Nahezu ein »Muß« war die Renovierung
des Wohngebäudes für den Burgherrn. Der düstere romanische Bau
hatte einem gotischen Palas mit hohen Fenstern zu weichen.
Eine besonders platzsparende Burg-
form, die in Frankreich und England
jedoch weit mehr verbreitet war, findet man im Rheingau: den Wohnturm. Er sieht aus wie ein etwas groß
geratener Bergfried. Sämtliche Aufgaben einer Burg sind unter einem einzigen Dach vereinigt. Im Turm gibt es
Wohn- und Repräsentationsräume,
Vorratskammern, Küche und Lager
und dazu selbstverständlich ausreichende Wehreinrichtungen. Ein schönes, öffentlich zugängliches Beispiel
ist der Wohnturm aus dem 14. Jahrhundert auf der ehemaligen Kurfürstlichen Burg in Eltville.

Gemeinsame Wehranlage von Burg und Stadt

Mancherorts rückten im späten Mittelalter Stadt und Burg näher zusammen. Die Feste auf der Höhe und die
Siedlung im Tal konnten sogar eine
gemeinsame Wehranlage besitzen.
Wie der Stich von Merian aus dem
Jahr 1646 zeigt, ist die Burg Stahleck
ein Teil der Stadtbefestigung. 1344 begannen die Bacharacher Bürger, Einnahmen aus den Rheinzöllen in den
Bau einer umfangreichen Stadtmauer
zu investieren. Man hatte schließlich
etwas zu schützen: Das Städtchen hatte sich zu einem wichtigen Handelsort
für Weine aus dem Rheingau und der
Pfalz entwickelt. Einige Kilometer
rheinaufwärts steht auf dem rechten
Ufer die Ruine Nollig oberhalb von
Lorch. Dieser Wohnturm sollte ursprünglich durch Mauern mit der
Ortsbefestigung verbunden werden.
Andere Stadtherren wählten die etwas
bequemere Lösung und ließen ihre
Burgen im Tal am Rande der städti-
schen Bebauung errichten, so der
Trierer Erzbischof in Boppard oder der
Erzbischof von Köln in Andernach.
Daß solche Nähe zur Stadt nicht ohne

Risiko war, zeigte das Jahr 1349, als
die Andernacher Bürger die Bischofs-
burg stürmten und abbrannten.

Niedergang der Burgen begann im 16. Jahrhundert

Im 16. Jahrhundert brachen unruhige
Zeiten an, die schließlich die Zerstörung zahlreicher Burgen verursachten. Das Ende der Burgen-Ära wurde
eingeläutet. Die Glaubenskämpfe, die

Europa erschütterten, hatten es in ein
katholisches und ein protestantisches
Lager gespalten. Mit diesen Streitig-
keiten vermischten sich natürlich
machtpolitische und private Interes-
sen.
Dafür ist der Truchseßsche Krieg ein
gutes Beispiel. Der Kölner Erzbischof
Gebhardt Truchseß von Waldburg
wollte das Kölner Stift in ein weltli-
ches evangelisches Fürstentum umwandeln. Ein katholischer Herzog von
Bayern zeigte dafür wenig Verständnis
und wollte das Gebiet lieber in den
Händen seines Bruders, des Erzbischofs Ernst, wissen. 1583 stürmte er
die Godesburg, die von den Kölner
Kurfürsten häufig als Wohnsitz genutzt wurde, und sprengte sie.

Auf die fortschreitende Entwicklung
der Feuerwaffen und den Verbesserun-
gen der Pulvergeschütze waren die
Burgen nicht eingerichtet. In den
Auseinandersetzungen des Dreißigjährigen Krieges (1618–1648) sollte
die wirkungsvollere Kriegstechnik
weiteren Burgen ein Ende bereiten.
Die berühmteste Ruine aus jener Zeit
ist diejenige auf dem Drachenfels bei
Königswinter.
Das Jahr 1689 besiegelte den Untergang der Burgen am Rhein. Die Heere
Ludwigs XIV. zogen seit 1672 durch
das Rheintal, um Krieg gegen die Nie-
derlande zu führen. Anfangs war das
Rheinland nur Durchmarschgebiet,
dann wurde es ebenso Ziel der französischen Ausdehnungspolitik. 1689
ging eine Zerstörungswelle durch das
Rheintal: Die Burgen Ehrenfels, Reichenstein, Sooneck, Fürstenberg,
Stahleck, Schönburg, Stolzenfels,
Rheineck und andere fielen in Schutt
und Asche. Auch die Dörfer und Städte blieben von den Eroberungszügen
nicht verschont.
Einzig die Burg Rheinfels bei St. Goar
konnte die französischen Angriffe
durch Musketenschüsse und Hand-
granaten erfolgreich abwehren. Die

Schloß Stolzenfels wurde von dem »Burgenfan« König Friedrich Wilhelm IV. um 1840 neu errichtet. Hier ein Blick in sein Arbeitszimmer, in dem auch ein Porträt des Preußenkönigs hängt.

Burg Sooneck wurde Mitte vorigen Jahrhunderts durch den preußischen König wiederaufgebaut. Zu den zu besichtigenden Innenräumen gehört auch das Speisezimmer.

Schloß Stolzenfels wurde von dem »Burgenfan« König Friedrich Wilhelm IV. um 1840 neu errichtet. Hier ein Blick in sein Arbeitszimmer, in dem auch ein Porträt des Preußenkönigs hängt.

Burg Sooneck wurde Mitte vorigen Jahrhunderts durch den preußischen König wiederaufgebaut. Zu den zu besichtigenden Innenräumen gehört auch das Speisezimmer.

22 Burgherren hatten rechtzeitig ihre Feste mit modernsten Außenwerken versehen.

Trotzdem war die Zeit der Burgen vorbei. Einen wirksamen Schutz gegen die immer weiter reichenden Geschütze boten die ausgedehnten Systeme von Gräben, Wällen, Mauern, gedeckten Gängen und Schußfeldern der neu aufkommenden Festungen. Diese großen Wehrbauten mit ihren sternförmigen Anlagen benötigten viel Platz, so daß bergiges und steiles Gelände für ihre Errichtung nicht in Frage kam.

Ende des 18. Jahrhunderts wurde das Rheintal erneut von französischen Heeren überflutet. Dieses Mal waren die Expansionsbestrebungen eine Folge der Französischen Revolution von 1789. Frankreich dehnte sich nun im Nordosten bis an das linke Rheinufer aus. Aus Angst vor der Übermacht des Gegners verließ die Besatzung von Burg Rheinfels in einer Nacht- und Nebelaktion am 1./2. November 1794 ihre Stellungen. Damit war die letzte noch funktionierende Burg am linken Mittelrhein gefallen.

Den Burgen auf der rechten Rheinseite erging es in den folgenden Jahren nicht besser. Diejenigen, die nach früheren Zerstörungen wiederaufgebaut worden waren, fielen den Angriffen Napoleons zum Opfer. Was noch dem Widerstand hätte dienen können, wurde gesprengt oder geschleift und anschließend auf Abbruch verkauft. Durch dieses historische Recycling entstand aus den Trümmern der Burg Rheinfels, nach Abzug der Franzosen, die Anlage der preußischen Festung Ehrenbreitstein oberhalb von Koblenz. Einiges Baumaterial gelangte in dieser Zeit von den Ruinen ins Tal und wurde dort weiter verwendet.

Die Burgen hatten ausgedient: Neue Barockschlösser waren komfortabel und repräsentativ

Als repräsentative Wohnsitze waren die Burgen ebenfalls überholt. Schlösser in verkehrsgünstigeren Lagen sicherten eher das Streben nach zeitgemäßem Wohnkomfort und aufwendigem Lebensstil. Ein barockes Schloß nach französischem Vorbild wurde zum Wohn- und Amtssitz der neuen Herren. Von Biebrich über Koblenz nach Bonn wuchsen in der Folgezeit große Schloßanlagen aus dem Boden.

Nach so umfangreichen Zerstörungen bemühte man sich schon im frühen 19. Jahrhundert, die Reste der Burgen zu erhalten und sie vor dem endgültigen Ausverkauf zu bewahren. Die einen sahen in ihnen das billige Holzlager und den bequemen Steinbruch, die anderen schätzten ihren Wert als Denkmäler des Mittelalters. 1833 erwarb beispielsweise der Archivar Habel die ausgeplünderte Burg Gutenfels, um sie vor dem völligen Untergang zu retten.

König Friedrich Wilhelm IV. und sein Burgen-Faible

Der bedeutendste Burgenliebhaber jener Zeit war der preußische König Friedrich Wilhelm IV. Noch unbelastet von Regierungsgeschäften, widmete er sich als Kronprinz besonders gern und mit viel Aufwand den Rui-

nen. Später als König sollte sich das nicht entscheidend ändern. 1823 schenkte ihm die Stadt Koblenz die 1689 zerstörte Burg Stolzenfels. Das war kein unkluger Schachzug, denn so wurde aus der Ruine südlich der Stadt ein prächtiges neugotisches Schloß – ohne daß die Stadtkasse belastet wurde. 1834 kaufte der Kronprinz die Ruine Sooneck und ließ sie zu einem fürstlichen Ferienwohnsitz ausbauen.

Im preußischen Königshaus gab es noch weitere Burgenfreunde. Prinz Friedrich Ludwig tat es seinem Vetter, dem Kronprinzen, gleich und kaufte sich eine Burg in der Nachbarschaft: Burg Rheinstein. Wenn auch die Prinzen als Burgenkäufer aktiv wurden, so haben andere Familienmitglieder das teure Hobby mitfinanziert.

Burgen am Rhein waren aus verschiedenen Gründen in Mode gekommen.

Dichter und Maler hatten die Schönheit des Rheintals entdeckt. Sie schrieben gefühlvolle Lobgedichte und malten wild-romantische Bilder mit steilen Bergen und Felsen, auf denen Burgen und Ruinen thronten. Ganz typisch ist hierfür ein Gedicht von Lord Byron, der an einem Maitag des Jahres 1816 – natürlich am Ufer des Rheins sitzend – schwärmte: »Und manchen Turm am Bergesrand/ sieht grau durch grünes Laub man schimmern,/ und manche schroffe Felsenwand,/ Schwibbögen, stolz in ihren Trümmern,/ schaun weit hinaus ins Rebenland . . .«

Die Romantik brachte dem Mittelrhein auch die ersten ausländischen Touristen

Die neue Mode, sich für Burgen und Ruinen zu begeistern, lockte die ersten Touristen – vor allem Engländer – in das Rheintal. Aber auch deutsche Reisende machten sich dorthin auf den Weg, denn man interessierte sich stark für die mittelalterliche Geschichte. Das Märchen von der »guten alten Zeit« des Mittelalters, als die Welt angeblich noch in Ordnung war, vor allem Deutschland ein großes Reich, das noch nicht von politischen und sozialen Unruhen erschüttert wurde, lockte den Biedermann an den Rhein. Die engen, verwinkelten Gassen der Kleinstädte mit ihren Fachwerkhäusern und die großen gotischen Kirchen und Burgen – auch als Ruinen – wurden zu Attraktionen. Man jubelte die gotische Architektur als »wahrhaft deutschen Stil« hoch und übersah geflissentlich, daß die Franzosen ihn erfunden hatten!

Patriotismus-Demonstrationen für »Deutschlands Strom«

Auch besonders patriotisch gesinnte Leute fuhren an den Rhein, um damit ihre Vaterlandsliebe zu demonstrieren und den Franzosen zu zeigen, daß der Rhein Deutschlands Strom und nicht seine Grenze sei. Die Rheinromantik blühte in allen Variationen, und das Tal entwickelte sich zu einer der be-

Die Höhenburg Stahleck über Bacharach wurde im 12. und 14. Jahrhundert errichtet; nach schweren Zerstörungen hat man sie in diesem Jahrhundert wiederaufgebaut und zur Jugendherberge gemacht.

Burg Gutenfels bei Kaub – eine Spornburg des 13. Jahrhunderts – wirkt dank guter Restaurierungen erstaunlich »intakt«; die Anlage dient heute, wie zu lesen ist, als ein Hotel.

deutendsten Regionen des europäischen Fremdenverkehrs.

Wie profitierten nun die Burgen von diesem gestiegenen Interesse? Nicht nur das preußische Königshaus bemühte sich um eine Erhaltung der Burgen und Ruinen. Zum Ende des Jahrhunderts begann auch die wissenschaftliche Erforschung der mittelalterlichen Wehrbauten. 1899 wurde durch die Initiative des Architekten und Burgenforschers Prof. Bodo Ebhardt die »Vereinigung zur Erhaltung deutscher Burgen e.V.« gegründet. Mit Hilfe der wissenschaftlichen Erkenntnisse konnten nun die Burgen und Ruinen in stilgerechter Weise entweder gesichert oder teilweise rekonstruiert werden. Vorbildlich geschah dies in einer nahezu 30jährigen Bauzeit auf der Marksburg, die die Burgenvereinigung 1900 von Preußen gekauft hatte.

Spleen des 19. Jahrhunderts: Wer keine echte Burgruine hatte, ließ sich eine bauen

Die Liebe zu Ruinen ging im 19. Jahrhundert sogar soweit, daß man künstliche Ruinen errichtete. Wem es nicht gelungen war, eine echte Burg als Wohnsitz zu erwerben oder zumindest eine Ruine, bestellte den Architekten und ließ sich ein zerstörtes Bauwerk neu in seinen Park setzen. So entstanden um 1806 die Moosburg im Schloßpark zu Biebrich oder 1874 die Ruine Schwarzenstein als Sommer- und Gartenhaus der Familie von Mumm nahe bei Johannisberg im Rheingau.

Im 20. Jahrhundert ist der größte Feind der Burgen ihre kostspielige Erhaltung geworden. Einige Burgen fristen ein Ruinendasein und verfallen zusehends, doch für zahlreiche andere hat sich eine akzeptable Nutzung gefunden.

Nicht immer ist es dabei gelungen, die alte Bausubstanz behutsam und angemessen durch Um- und Anbauten für die modernen Anforderungen zu verändern. Manchmal beeinträchtigen neue Umgehungsstraßen oder Eisenbahntrassen die einstigen Herrensit-

ze, schneiden sie von ihrer Umgebung ab; so liegen diese inzwischen eher an der Eisenbahn als am Rhein. Den Orten in der Enge des Rheintales geht es leider nicht anders.

Auf einigen Burgen hat man die im Laufe der Zeit verlorengegangene Innenausstattung durch neues historisches Mobiliar aus dem Kunsthandel oder durch Stiftungen ersetzt. Die Kurfürstliche Burg von Eltville, der Pfalzgrafenstein und die Marksburg bieten Einblicke in den mittelalterlichen Wehrbau, während etwa die Burgen Rheinstein und Reichenstein veranschaulichen, was man im 19. Jahrhundert für mittelalterlich gehalten hat.

Die Burgen Sooneck und Stolzenfels zeigen den repräsentativen Wohnstil des preußischen Königshauses: eine prachtvolle Mischung aus neugotischer Architektur und modernen

Ansprüchen auf Stolzenfels, eine schlichtere, elegante auf Sooneck. Ein Burgherr im Mittelalter benötigte weder Musiksalon noch Schreibzimmer und schon gar keine Bibliothek!

Museen in Burgen – auch eine Art der Nutzung

In anderen Burgen, wie beispielsweise in Bingen, St. Goar oder Boppard, wurden heimatkundliche Ausstellungen eingerichtet. Informationen zum Weinbau bietet eine Sammlung in der Brömserburg/Rüdesheim. Schauriges aus der mittelalterlichen Gerichtsbarkeit gibt es in Folterkammer und Verlies der ehemaligen Erzbischöflichen Burg zu Linz. Burg Maus beherbergt heute eine Greifvogelwarte.

Einige Burgen dienen – wie es bereits im Mittelalter Tradition war – als

Dieser Anblick »seiner« Stolzenfels über dem Rhein dürfte den Preußenkönig ergötzt haben; heute sehen wir eher skeptisch auf die romantisch verklärte Anlage, die wenig Ähnlichkeit mit »richtigen« Burgen hat.

Wohn- oder Verwaltungssitz. Die privat genutzten Anlagen, wie etwa Burg Nollig, Burg Maus oder die Heimburg, können in der Regel nicht besichtigt werden. Im Rheintal nördlich von Koblenz sind die meisten historischen Herrensitze für den fremden Besucher geschlossen. Ebenso bleiben Einblicke in Sitzungssäle und Amtsstuben auf Burgen verwehrt; hier muß man sich mit den Außenansichten begnügen.

Dafür gibt es auf anderen Burgen Gelegenheit, sich nach mehreren hundert Jahren einmal wie ein Burgherr oder Burgfräulein zu fühlen. Die Atmosphäre des historischen Gemäuers und nicht alltägliche Aussichten ins Rheintal gehören zu den besonderen Attraktionen der Hotels, die inzwi-

abgrundtiefe Ausblicke neben dem Essen – darin sind sich zum Beispiel die Feindlichen Brüder einig!

15 000 Bücher in der burgenkundlichen Bibliothek

Kaum eine Frage zur Burgengeschichte läßt die burgenkundliche Fachbibliothek auf der Marksburg un-

schen in den Burgen eingerichtet wurden. Für Gäste mit hohen Ansprüchen stehen beispielsweise Burg Gutenfels oder die Schönburg offen. Für den schmalen Geldbeutel ist ebenfalls gesorgt, wie etwa mit der Jugendherberge auf Burg Stahleck in Bacharach. Leider fehlen bislang Angebote in der mittleren Preisklasse. Vielfältig sind dagegen die Gaststätten und Restaurants in luftiger Höhe. Manche bieten

beantwortet. Neben mehr als 15 000 Büchern bietet ein Archiv mit Plänen, Abbildungen sowie Daten aus der Geschichte der Burgen und ihrer Besitzer reichliche Auskünfte. Sie ist eine wahre Experten-Hochburg, diese Marksburg, denn dort ist gleichfalls der Sitz der »Deutschen Burgenvereinigung e.V.«, die 1958 aus der »Vereinigung zur Erhaltung deutscher Burgen« hervorging.

Die vielfältig genutzte Burg Rheinfels zeigt im Museum auch die Entwicklung der Burg von den Anfängen im 13. Jahrhundert bis in unsere Zeit.

Sieht tatsächlich aus wie ein steinernes Schiff im Strom: Pfalzgrafenstein bei Kaub mit der Gutenfels im Hintergrund. Rechts: Auf der Marksburg wird auch ein sogenannter Keuschheitsgürtel gezeigt.

Die drei wohl populärsten und auch typischen Rheinburgen: Pfalzgrafenstein bei Kaub, die nie zerstört gewesene Marksburg über Braubach und die im 19. Jahrhundert wiederaufgebaute Burg Stolzenfels bei Koblenz.

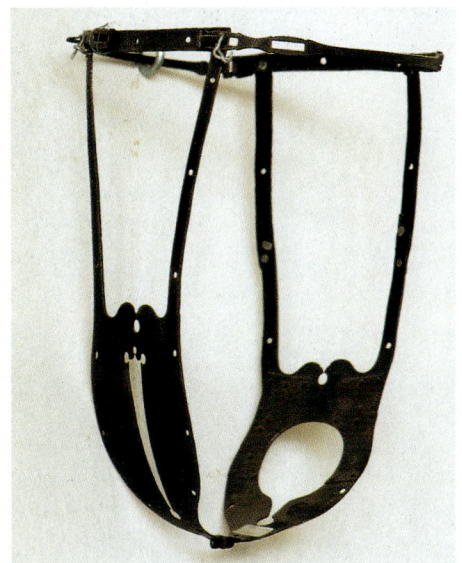

Eine geniale Idee hatte Ludwig der Bayer, um den Rheinzoll an der Südgrenze seiner Pfalzgrafschaft einzutreiben: Er ließ ein steinernes Schiff auf einer Felsenklippe mitten im Fluß errichten. Zuerst setzte er im Jahr 1327 einen fünfeckigen Bergfried auf die winzige Insel und erweiterte zwischen 1338 und 1342 seine Zollstätte durch eine zwölf Meter hohe Ringmauer, die der Anlage ihr unverwechselbares, schiffsähnliches Aussehen gab.

Die Natur begünstigte den Zolleinnehmer noch, da die Schiffe nur die östliche Passage benutzen konnten. Diese schmale Durchfahrt, über die man auch heute den *Pfalzgrafenstein* erreicht, war leicht zu kontrollieren und gegebenenfalls abzusperren. Solch eine wirksame Zollstätte stieß bei anderen Landesherren am Rhein auf wenig Gegenliebe. In trauter Einigkeit wehrten sich die Erzbischöfe von Mainz, Trier und Köln gegen eine Verteuerung des Warentransportes auf dem Rhein, denn das ging an ihren Geldbeutel. Sie zogen sogar den Papst auf ihre Seite, der den eifrigen Zolleintreiber unter Kirchenbann stellte. Doch das bremste König Ludwig – seit 1328 auch noch deutscher Kaiser – überhaupt nicht. Der Pfalzgrafenstein war ein wichtiger Teil seiner Grenzsicherung im Rheintal, die von der Burg Stahleck, den befestigten Städten Bacharach und Kaub bis zur Burg Gutenfels reichte. Außerdem entwickelte

DREI SCHÖNE MUSTERBEISPIELE ALS ERSTEN ÜBERBLICK

Das ist das Schöne an einer Mittelrheinfahrt: die grünen Hänge links und rechts des Stroms sind alle paar Kilometer von Burgen gekrönt – und manchmal steht eine sogar mitten im Fluß: die Pfalzgrafenstein.

sich die Zollstätte zu einer prächtigen Goldgrube!

Ungeachtet aller Proteste begannen die Bauarbeiten an dieser Zollburg, die im Laufe ihrer Geschichte nie erobert oder zerstört werden sollte. Die Spitze des sechsgeschossigen Gebäudes ist weniger gegen feindliche Geschütze ausgerichtet – Strömung und Eisgang bedrohten den Wehrturm stärker. Sein Zugang liegt auch heute noch im dritten Geschoß. Zunächst erreichten ihn die Zöllner über eine Leiter, nach dem Bau der Ringmauer verband eine Holzbrücke den Bergfried mit dem oberen Wehrgang. Zu den schmalen Schlitzen im Mauerwerk kamen später noch einige kleine Öffnungen, die aber den wehrhaften Charakter des Turmes nicht beeinträchtigten.

In der zweiten Hälfte des 15. Jahrhunderts wurde ein Fachwerkgeschoß mit hohem Satteldach und vier Ecktürmchen aufgesetzt. Diese spätgotische

Veränderung kennt man heute nur noch von alten Abbildungen, denn nach dem Brand von 1754 erhielt der Bergfried seine jetzige, barocke Dachform: eine geschwungene Turmhaube mit bekrönender Laterne.

An der Ringmauer hat die Serie gotischer und barocker Türme und Dächer die Zeit überdauert. Die Ecken werden von Türmchen flankiert, die oben aus dem Mauerwerk »herauswachsen«. 1607 brachte man die vier mit Schiefer verkleideten Ausguck-Erker an.

Pfalzgrafenstein: Feuerwaffen erforderten Umbauten

In der ersten Hälfte des 17. Jahrhunderts waren Renovierungen nötig, um die Befestigung an die neue Kriegstechnik durch Feuerwaffen anzupassen. Die Südspitze wurde mit einem Batterievorbau aus Sandsteinquadern verstärkt. Innen entstanden zwei Pul-

verkammern und ein geräumiger Geschützstand. Zwei Laternen und auffallend viele Dachgauben geben heute dem Dachbereich ein malerisches

Wehrhaft mußte sie sein, die Zollstätte, und so wurde die Pfalzgrafenstein im 17. Jahrhundert zur Abwehr von Feuerwaffen umgerüstet und erhielt außerdem einen Geschützstand.

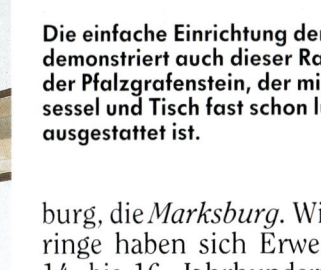

burg, die *Marksburg*. Wie Wachstumsringe haben sich Erweiterungen des 14. bis 16. Jahrhunderts um den ältesten Teil aus dem 13. Jahrhundert gelegt.

Aussehen. Natürlich dachte man im Dreißigjährigen Krieg nicht an Schönheit, Zweckmäßigkeit war angesagt: Durch die zahlreichen Öffnungen konnte der Pulverdampf schneller entweichen.

Auf Pfalzgrafenstein – oft auch nur kurz »die Pfalz« genannt – taten rund 20 bis 24 Zöllner ihren Dienst. Im südlichen Teil hatten sie ihre Quartiere, während der Kommandant im Nord-teil über dem Eingang eine eigene Wohnung besaß. Zwei Kammern, Küche und Abort-Erker sind um einiges vom möglichen Wohnkomfort einer Ritterburg entfernt. Dafür war die Zollburg langlebiger: Bis ins 19. Jahrhundert wurde die Pfalz als Zollstätte genutzt.

Oberhalb von Braubach findet man das schönste und am besten erhaltene Beispiel einer rheinischen Höhen-

Brubach hieß die Marksburg jahrhundertelang

Vermutlich liegen Fundamente des 12. Jahrhunderts unter einigen Mauern, da zu jener Zeit schon eine Befestigungsanlage der Edelherren von Braubach erwähnt wird. Eine noch ältere Burg stand rund einen Kilometer weiter südlich am Eingang des Mühlbachtales, wie der heutige Flurname »An der alten Burg« noch verrät. Der Standort auf dem steilen Bergkegel über dem Ort gab der Burg Brubach, wie sie bis ins 15. Jahrhundert genannt wurde, die besseren Zukunftschancen. Diese Lage war wehrtechnisch besser, bot eine gute Kontrolle des Rheines, da man zeitweise auch Zölle kassieren durfte, und zum anderen ließ sich Braubach, das ebenfalls zum Besitz gehörte, durch ein gemeinsames Befestigungssystem wirkungsvoller schützen.

Die großen Bauherren in der ersten Hälfte des 13. Jahrhunderts stammten aus dem Hause derer von Eppstein, das auch mehrere Mainzer Erzbischöfe stellte. Zur dreieckigen Anlage der Kernburg gehörten der Kapellenturm an der Südspitze und ein romanischer Palas auf der Nordseite. Dieser Teil wurde 1708 durch ein Fachwerkgebäude ersetzt und beherbergt heute Bibliothek und Arbeitsräume der Deutschen Burgenvereinigung. Im Keller des Nordbaus stößt man dagegen auf das »finsterste« Mittelalter: Der einstige Pferdestall birgt Schauriges aus der Gerichts- und Folterpraxis.

Eine ergiebige Mitgift: die Burg samt Silberbergbau

1283 kam die Burg Brubach durch Heirat an die Grafen von Katzenelnbogen. Es war eine schöne Mitgift, denn der Silberbergbau in der näheren Umgebung versprach gute Einkünfte. Um

Kein ausgebauter Erker, sondern aus den meterdicken Mauern herausgebrochen ist diese helle Fensterecke in der Marksburg.

30 1300 ließ Graf Eberhard II. erst einmal die Befestigung verstärken und den inneren Zwinger anlegen. Als neuer Eingang entstand der Burgvogtturm mit dem Schartentor.

In der Mitte des 14. Jahrhunderts strebten die Burgherren nach mehr Wohnkomfort und einem repräsentativen Wohnsitz. Der romanische Palas hatte ausgedient und wurde durch einen gotischen Neubau auf der Südseite des Burghofs abgelöst. Die Sicherheit vernachlässigten die Grafen trotzdem nicht, denn wie eine Schildmauer rückt die rund drei Meter mächtige Palaswand vor den einstigen Verlauf der romanischen Ringmauer. Außerdem erneuerten sie den Bergfried und gaben ihm seine markante »Butterfaß-Form«. Auf den quadratischen Turm setzte man einen kleinen, runden Aufbau. Nach dem großen Brand von 1705 riß man den oberen Teil ab, um tiefere Partien mit den Bruchsteinen zu flicken. Das heutige runde Türmchen entstand neu nach Beschädigungen während des Zweiten Weltkriegs.

Im neuen Palas viel Platz für Kemenaten und Rittersaal

Durch den gotischen Palas verkleinerte sich der Burghof enorm. Diese Enge steht ganz im Gegensatz zu dem geräumigen Wohnbau. Eine große Burgküche, ein Rittersaal von 65 Quadratmeter und die Kemenate zeigen, daß die Grafen auf der Marksburg nicht schlecht lebten.

Vom Rittersaal wurde ein Zugang in den Kapellenturm zur Burgkapelle gebrochen. Die spätromanischen Konsolsteine tragen ein gotisches Sterngewölbe. So mittelalterlich wie die Wandmalereien aussehen, sind sie keinesfalls: Erst 1903 entstanden die auf alt getrimmten Fresken. Im Wandfeld über dem Fenster sieht man den Namenspatron der Burg, den hl. Markus. Nach 1437 löste sein Name die alte Bezeichnung Burg Brubach ab.

In der ersten Hälfte des 15. Jahrhunderts mußten die Befestigungsanlagen verbessert werden, und ein zweiter Zwingerkranz wurde um die Burg

Die gesamte Anlage der Marksburg wird von dem Bergfried überragt, der die sogenannte Butterfaß-Form aufweist: auf den quadratischen Turm wurde ein runder Aufbau gesetzt.

Die sorgfältig rekonstruierten, oft außerordentlich schönen Ritterrüstungen sind die die Freude der meisten Besucher. Diese beiden Rüstungen aus dem 15. Jahrhundert findet man auf der Marksburg.

gelegt. Auf der östlichen Seite umfaßten die neuen Mauern ein großes, flach abfallendes Gelände, auf dem in friedlichen Zeiten das Vieh geweidet wurde: den Geißenzwinger. Als äußerster Eingang entstand das Zugbrükkentor. Auf der Rheinseite wurde

ebenfalls ein Zwinger – hier mit Schalentürmen – angelegt.

Die letzte Anpassung an die »modernen« Waffen erfuhr die Marksburg in der Mitte des 17. Jahrhunderts. Auf der Südseite wurden das Scharfe Eck und das Pulvereck als Bastionen vor die Zwingeranlagen gesetzt. Der alte, steile Zugang zur Burg erhielt somit wirksamen Schutz. Auch der erste Eingang wurde weiter gesichert: An das Zugbrückentor baute man einen Tunnelgang mit Deckenöffnungen an. So überstand die Marksburg – inzwischen im Besitz der hessischen Landgrafen – die Stürme des Dreißigjährigen Kriegs und auch die Eroberungs-

züge Ludwigs XIV. Doch der Brand im Jahr 1705 verursachte einige Schäden. Anstelle der Backstube, des Backofens und anderer kleiner Wirtschaftsgebäude wurde der große Rheinbau an der mittelalterlichen Ringmauer angelegt. Hier befand sich die Wasserversorgung der Burg. Der Brunnen ist zwar noch vorhanden, aber zugeschüttet, doch die Zisterne im Keller führt immer noch Wasser. Im Obergeschoß des Rheinbaus befindet sich heute eine Sammlung von meist rekonstruierten Rüstungen und Waffen von der Antike bis in die frühe Neuzeit.

Auf Feuerwaffen umgestellt mußte im 17. Jahrhundert auch die Marksburg werden, sollte sie den Kriegszügen standhalten; so entstand die kleine Batterie mit ihren Kanonen.

Im 19. Jahrhundert diente der Palas als Gefängnis und Invalidenheim des Herzogtums Nassau. Dafür wurden die großen Räume durch Zwischenwände in kleine Zellen und Kammern unterteilt, was der alten Innenausstattung nicht gut bekommen ist. In kalten Wintern verheizte man nämlich Teile der gotischen Wandvertäfelung. 1866 sollte sich das Schicksal der Marksburg zum Guten wenden, denn das preußische Königshaus nahm sie unter seine Fittiche. Doch kamen zunächst mehr Worte als Taten; man war schließlich schon auf anderen Burgen sehr engagiert. Die endgültige Rettung brachte die 1899 gegründete »Vereinigung zur Erhaltung deutscher Burgen«, die die Marksburg für 1000 Mark kaufte und seitdem mit viel Aufwand und Sorgfalt restaurierte. Bei Burgen ist der Kaufpreis oft eine unbedeutende Summe im Vergleich zu den Folgekosten!

Auf der Rasenbank im Lustgärtlein

Wie grenzenlos die Möglichkeiten sind, sein Geld in Denkmäler zu stecken, zeigt sich im oberen Zwinger der Marksburg. Zu einer Burg gehörte selbstverständlich ein Garten mit

Der Rittersaal der Marksburg war der Raum, in dem früher Gäste bewirtet und Feste gefeiert wurden. Er zeigt mit seinen 65 Quadratmetern auch die Wohlsituiertheit der Burgherren an.

Obst- und Gemüsepflanzen, aber auch Würz- und Heilkräutern, denn man war weitgehend auf Selbstversorgung angewiesen. Seit 1969 arbeitet man daran, einen möglichst authentischen Garten mit den typischen Pflanzen des Mittelalters wieder einzurichten.
Gartenbeete legte man gern quadratisch an und faßte sie mit Holz ein. So entstand auch die Rasenbank, die in jeden besseren Garten gehörte. Mit Kissen darunter setzte man sich auf

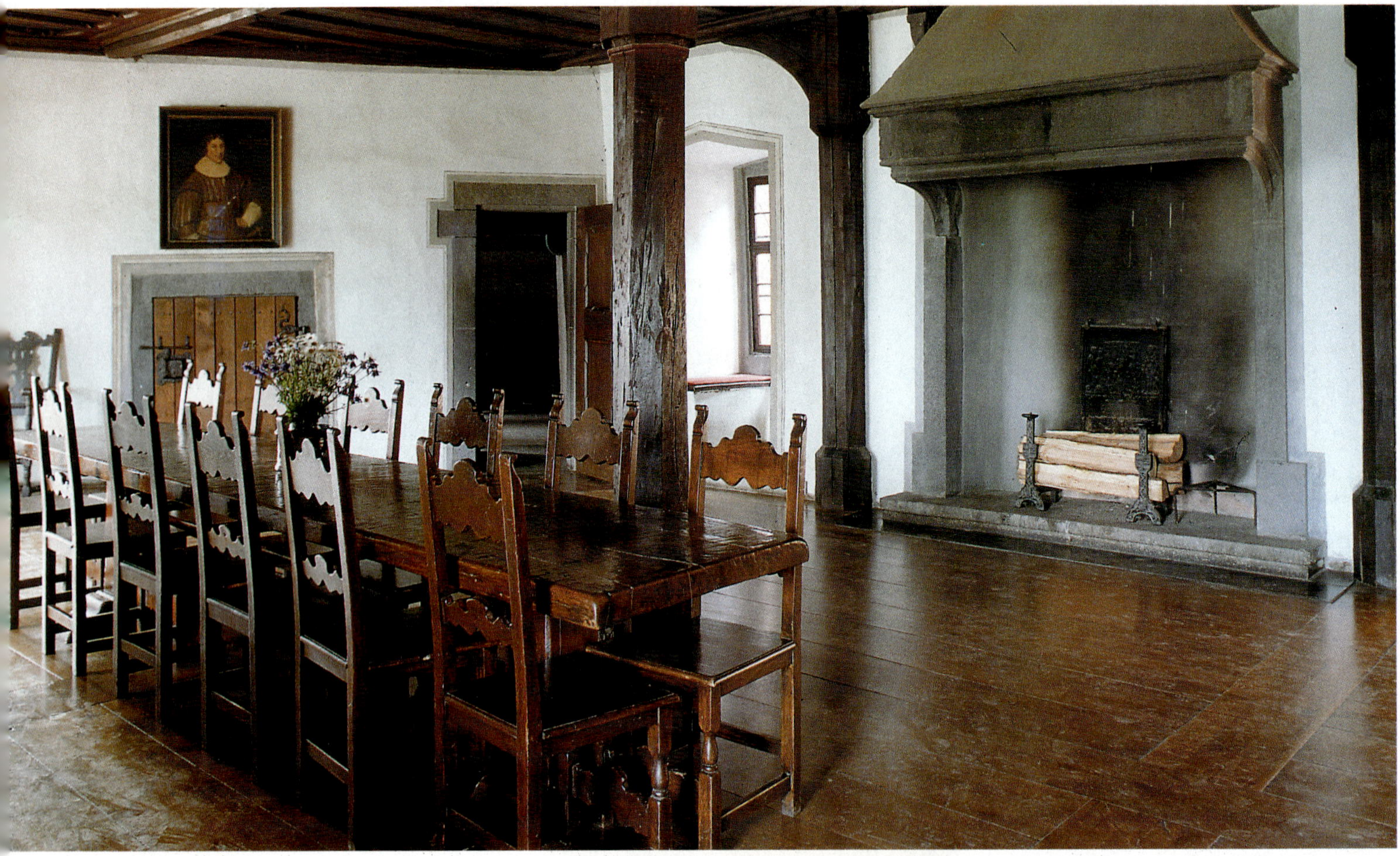

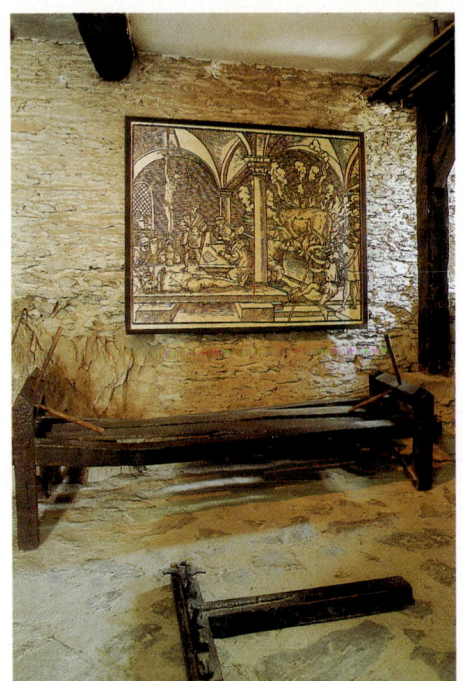

den mittleren Grasteil, rechts und links wurde man von Blumen gerahmt. Als Krönung konnte der Gärtner noch ein Rosenspalier oder eine Rosenlaube um die Rasenbank anbringen. Die Lieblingsblume des Mittelalters war die Akelei.
Die Blütenpracht eines Burggartens diente aber nicht nur der »Ergötzung«, sie ließ sich oft sehr nutzbringend verwenden: Arnika und Ringelblume gegen Entzündungen und Schwellungen; Alant und Lungenkraut gegen Erkrankungen der Atemwege; Krapp, Waid und Färberginster als Farbstofflieferanten; Beifuß – in die Schuhe gelegt – sollte Ermüdungen verhindern, und mit Tollkirsche, Fingerhut oder Bilsenkraut ließen sich unangenehme Zeitgenossen beseitigen oder zumindest vorübergehend lahmlegen.
Die Grundlagen und Fundamente von *Stolzenfels* lieferten die Trierer Erzbischöfe im 13. und 14. Jahrhundert. Vom Bergsporn oberhalb des Dorfes Kapellen ließ sich nicht nur der Rhein, sondern auch die Lahnmündung hervorragend kontrollieren.

Stolzenfels: Anfänge als kurtrierische Befestigung

1340 hatte der Mainzer Erzbischof mit dem Bau der Burg Lahneck begonnen, und so blieb Arnold II. von Isenburg nichts anderes übrig, als auf dem gegenüberliegenden Ufer seine Position durch eine Burg zu verdeutlichen. Von 1242 bis 1259 entstand die erste kurtrierische Befestigung auf dem linken Rheinufer. Erzbischof Balduin (1285–1354) verlegte den Rheinzoll von Koblenz nach Kapellen und ließ daraufhin das Dorf und Burg Stolzenfels durch Wehrmauern verbinden.
Unter seinen Nachfolgern Kuno von Bolanden-Falkenstein und Werner

Im Keller des Nordbaus darf der Marksburg-Besucher sich ordentlich gruseln, denn in dem einstigen Pferdestall wurde eine Folterkammer – hier das Streckbett – rekonstruiert.

Ein Detail aus dem Rittersaal weist darauf hin, daß man im Mittelalter auch als Burgherr nicht ohne Schönheitssinn war: die alte Truhe und die liebenswürdigen Wandmalereien beweisen es.

von Falkenstein erhielt die Burg in der zweiten Hälfte des 14. Jahrhunderts ihr mittelalterliches Aussehen. Der fünfeckige Bergfried flankierte den Zugang über den Halsgraben und das innere Burgtor. Auf der Rheinseite schlossen sich die herrschaftlichen Wohngemächer an den Burghof an: ein dreigeschossiger, quadratischer Wohnturm und der Palas mit den Räumen des Erzbischofs über einem großen Weinkeller. An der Bergseite der Ringmauer standen einige Wirtschaftsgebäude. Wie ein Schiffsbug erhob sich der ummauerte Niedere Hof über dem zum Rhein abfallenden Hang. Die Spitze bildete ein Rundturm, in dessen unterem Geschoß sich ein Verlies befand.

Bereits im 15. Jahrhundert verlor Stolzenfels an Bedeutung. 1412 wurde der Zoll nach Engers verlegt; 1436 verbannte der Papst den abgesetzten Erzbischof Ulrich von Manderscheid bis zu seinem Lebensende auf die Burg Stolzenfels. Danach verspürten die Trierer Erzbischöfe wenig Lust, noch auf dieser Burg zu wohnen und verpachteten sie – sehr zum Schaden der Gebäude, die verwahrlosten und verfielen. Den endgültigen Untergang erlebte das mittelalterliche Gemäuer in den Auseinandersetzungen des Pfälzischen Erbfolgekrieges: Die französischen Soldaten hinterließen 1689 eine Ruine. Im 18. Jahrhundert diente das Trümmerfeld als Steinbruch.

Preußens Kronprinz bekam die Ruine geschenkt

Eine neue Ära für Burg Stolzenfels begann im Jahr 1823, als die Stadt Koblenz sie dem Burgen- und Rheinland-Fan, dem preußischen Kronprinzen Friedrich Wilhelm, schenkte. Dieser beauftragte sofort den Koblenzer Bauinspektor J. C. von Lassaulx, Pläne zum Ausbau der Ruine zu entwerfen und bezog den berühmtesten Architekten Preußens, Karl Friedrich Schinkel, ebenfalls in sein Unternehmen ein. Auf den historischen Fundamenten wollte der Prinz seine Idealvorstellungen vom Mittelalter und von der zeitgenössischen Kunst verwirklichen. Doch zunächst erschien ihm das Vorhaben zu kostspielig, da schon die Burg Rheinstein erneuert werden sollte. Für Stolzenfels blieben nur Pläne, die Ruine mit einer Parkanlage zu verschönern.

1835 fiel dann die Entscheidung für den Aus- und Neubau der Burg Stolzenfels, der nach neuen Plänen des Baumeisters Schinkel zwischen 1836 und 1842 entstand. Auf die mittelalterlichen Grundmauern setzte man

Man lasse sich nicht täuschen: die so alt aussehenden Fresken in der Burgkapelle der Marksburg mit ihren frommen und ritterlichen Motiven entstanden erst 1903!

Auf den mittelalterlichen Grundmauern ließ der preußische Kronprinz und spätere König Friedrich
Wilhelm IV. nach den Plänen Karl
Friedrich Schinkels Burg Stolzenfels
wieder errichten.

34

Die Inneneinrichtung und -ausstattung von Stolzenfels entspricht der adligen Wohnkultur Mitte des 19. Jahrhunderts, als man dem Mittelalter huldigte. Hier ein Blick in den Großen Rittersaal.

zwei Gebäudeflügel, die durch ihren Bauschmuck, die Zinnen, die Rundbogenfriese oder auch ihre Maßwerkfenster dem Neubau romanisch-gotische Züge geben. Aber schon das leuchtende Ockergelb der verputzten Wände wirkt befremdlich, und ein Blick in den Pergolagarten verdeutlicht, daß hier kein reines Mittelalter neu entstehen sollte.

Charmanter neuer Pergolagarten – doch nichts erinnert noch ans Mittelalter

Zierliche weiße Säulen umgeben die geometrischen Blumenbeete mit dem Springbrunnen in ihrer Mitte; Rosen ranken um das weiße Holz der Pergola, und eine hohe, dreischiffige Arka-

An den Wänden des Kleinen Rittersaals werden in vielfigurigen, pathetischen Darstellungen die ritterlichen Tugenden dargestellt – in einer uns heute sehr idealisiert erscheinenden Form.

denhalle verbindet den Garten mit dem Burghof. Das alles erinnert eher an Südländisches, an mediterrane Gärten als an rheinisches Mittelalter. Der Naturgenuß und die Freude an schönen Aussichtspunkten, von denen aus man sehnsuchtsvolle Blicke in die Ferne schweifen ließ, war in Mode gekommen. Erker an den Außenwänden, die die Sicherheit einer gotischen Burg sehr gefährdet hätten, ließ der Kronprinz anbringen. Er kümmerte sich um jedes Detail in der Planung und auf der Baustelle; schließlich war es sein Traum, den er verwirklichen konnte.

Ein gutes Beispiel für das neue Lebensgefühl, das auch Naturgenuß einschloß, brachte die Veränderung des ehemaligen Weinkellers. In das mächtige Mauerwerk brach man Türöffnungen, und aus dem anschließenden Zwinger wurde eine Terrasse mit einer phantastischen Aussicht auf das Rheintal. An Sommertagen ließ es sich in der Kühle des Gewölbes gut aushalten, und trotzdem fehlte der Blick ins Tal nicht.

Bei der Gestaltung der Wohnräume bevorzugte Friedrich Wilhelm eine neugotische Innenarchitektur: Wand-

vertäfelungen mit Maßwerkformen, gotisierende Gewölbe, Balkendecken, Fresken und offene Kamine. Die Wandgemälde im kleinen Rittersaal sind eine romantische Verklärung des Mittelalters.

Die Möbel mußten wegen der kurzen Bauzeit in Eile zusammengesucht werden; doch schlug sich dies keinesfalls in der Qualität nieder. Der Bauherr hatte schon rechtzeitig eine Sammlung mittelalterlicher Waffen und Geräte in München gekauft, ebenso einige historische Möbel gesammelt. Fehlende Stücke gab er bei den besten Werkstätten in Auftrag. Aus Frankreich stammen zum Beispiel die schweren, kostbaren Stoffe. Die weiß-blaue Farbkombination bei der Innenausstattung ist kein Zufall: Die Gemahlin Friedrich Wilhelms IV. war Königin Elisabeth aus dem Hause Wittelsbach, die Schwester Ludwigs I. von Bayern.

Im Burgschloß als königlichem Gästehaus weilte auch Queen Victoria

Am 14. September 1842 wurde Schloß Stolzenfels feierlich eingeweiht, und bei soviel Vorliebe für das Mittelalter geschah dies in historischen Kostümen. Friedrich Wilhelm verbrachte nur wenige Tage seines Lebens auf seinem Traumschloß, die Königin hielt sich dagegen häufiger hier auf. Stolzenfels wurde gern als königliches Gästehaus genutzt. Königin Victoria von England ließ im August 1845 sogar einen offiziellen Opernabend in Koblenz ausfallen, um gleich auf das Schloß zu fahren. Das Konzert mit berühmten Künstlern wie Jenny Lind und Franz Liszt wurde einfach in den großen Rittersaal verlegt.

Wenn nicht gerade gekrönte Häupter oder – wie es in Neudeutsch heißt – die VIP der High Society auf Stolzenfels weilten, durften »Normalsterbliche« das königliche Traumschloß besichtigen. Noch heute kann man mit einem Nachdruck des Führungsbüchleins von 1850 durch die Räume wandeln und feststellen, wie wenig sich seitdem verändert hat.

Stolzenfels ist auch deshalb so sehenswert, weil ein Großteil der Möbel und Ausstattungsgegenstände des vorigen Jahrhunderts erhalten blieb – wie der Blick in eines der Zimmer der Königin beweist.

Hoch über Rebhängen schwebt der
kleine Balkon der gastlichen Schönburg bei Oberwesel. Rechts: Aus
dem Jahr 1660 stammt der Wappen-
stein, der auf Burg Rheinfels ausge-
stellt ist.

Von Ingelheim geht es über Bingens Burg Klopp zu den Burgen Rheinstein, Reichenstein, Sooneck, Heimburg, Fürstenberg, Stahleck, Stahlberg, Schönburg und Rheinfels nach Boppard.

Sämtliche Formen des mittelalterlichen Wehrbaus finden sich in der Ingelheimer Rheinebene. Freilich wurden die Anlagen im Laufe der Jahrhunderte so stark verändert, daß sie nicht mehr so leicht zu erkennen sind. Steigen wir gleich mit schwierigen Beispielen ein: »Bahnhofstraße 18« in *Heidesheim* lautet die moderne Adresse der *Burg Windeck.* Zu Beginn des 12. Jahrhunderts ließ Hardegen von Winternheim, ein Lehnsmann des Mainzer Altmünsterklosters, hier eine kleine Wasserburg errichten. Der quadratische, 18,50 Meter hohe Wohnturm wurde von zwei Ringmauern und einem Wassergraben umgeben. Für seine Befestigungsanlagen wählte der Bauherr ebenfalls den quadratischen Grundriß – jedoch mit abgerundeten Ecken. Ein Teil des inneren Berings ist noch in den Außenmauern des Wohnhauses erhalten.

Im 16. Jahrhundert vergrößerte der Burgherr die Zahl und vor allem die Qualität seiner Wohnräume und ließ den Raum zwischen dem Turm und der Ringmauer überbauen. Typisch für jene Zeit sind die hohen Kreuzstockfenster, die in den einstigen Bering gebrochen wurden, ebenso das spitzbogige Portal mit dem Dreipaß.

Der schönste Wehrbau der Ingelheimer Rheinebene, den Sie nicht versäumen sollten, steht in *Oberingelheim:* die spätgotische *Burgkirche* mit einem romanischen Turm. Ob-

REICHLICH ABWECHSLUNG AM LINKEN RHEINUFER

38 wohl die Kirche noch durch die Ortsbefestigung geschützt wurde, baute man sie im 15. Jahrhundert als Fluchtburg aus. Auch zur Siedlung Oberingelheim hin erhielt das Gotteshaus eine doppelte Mauer mit vorgelagertem Graben, wie es der Name der Grabenstraße überliefert. Vor die Feldseite der Wehrkirche setzte man ebenso eine zweite Mauer. Die gestaffelten Zinnenkränze geben der Südansicht heute noch einen besonders wehrhaften Charakter.

In Gefahrenzeiten konnten sich die Bewohner von Oberingelheim in ihrer Kirchhofbefestigung verschanzen – und dazu hatten sie mehrfach Anlaß, denn nicht nur die einstige Kaiserpfalz im Ort, sondern auch die Orte des Selzbachtales als kurpfälzisches Gebiet waren den Mainzer Erzbischöfen ein Dorn im Auge. Den Ingelheimer Hafen im einstigen Frei-Weinheim hätten sie gern selbst besessen.

Von der alten Wasserburg Ardeck ist nichts erhalten

Mit *Gau-Algesheim* gelangen wir wieder in ehemaliges kurmainzisches Gebiet. Am Rand des historischen Ortskerns – südlich der Kirche – errichtete Erzbischof Dietrich von Erbach 1422/1444 die Wasserburg *Ardeck*. Ihr Aussehen hat sich stark verändert: Ursprünglich handelte es sich um eine kreisförmige Anlage mit einem Bergfried und zwei Tortürmen. Heute steht nur noch ein langgestreckter, ehemaliger Wohnbau mit Stufengiebeln und zwei Ecktürmen aus dem 16. Jahrhundert. Die Zerstörungen infolge des Dreißigjährigen Krieges und der französischen Heerzüge Ende des 17. Jahrhunderts haben Stadt und Burg schwer getroffen.

Trotz aller baulichen Veränderungen blieb die Nutzung von Burg/Schloß Ardeck als Verwaltungsgebäude. Der einstige Sitz des kurmainzischen Landamtes Algesheim dient nun der Verbandsgemeindeverwaltung Gau-Algesheim. Neues Leben bringt ein Kindergarten in die alten Mauern, der dazugehörige Spielplatz liegt im früheren Wassergraben.

Außerordentlich sehenswert, da nur noch höchst selten so anschaulich anzutreffen, ist die spätgotische Wehr- oder Burgkirche von Oberingelheim mit ihrer doppelten Mauer.

Die erste »richtige« Burg dieser linksrheinischen Tour von Heidesheim bis Boppard thront über *Bingen* und wird heute ebenfalls als Verwaltungssitz genutzt. (Die Zufahrtsschilder zur Stadtverwaltung erleichtern die Anfahrt!) 1282 erscheint die *Burg Klopp* erstmals in den Urkunden. Die unruhigen Zeiten in der zweiten Hälfte des 13. Jahrhunderts, als Handel und Verkehr im Rheintal durch das Raubrittertum gefährdet waren, bewogen den Landesherrn, seinen Besitz wirkungsvoller zu befestigen. Die Stadt erhielt neue Mauern, und auf einer Anhöhe, die gute Sicht über Nahemündung und Rhein bot und seit römischer Zeit eine strategische Bedeutung besaß, errichtete der Mainzer Erzbischof seinen nächsten Sitz. 1438 überließ der Bischof den Mainzer Domherren Stadt und Burg, die ihnen vorher schon zur Hälfte gehört hatten.

In den folgenden vier Jahrhunderten wurde Bingen als Eingangstor zum engen Rheintal oft in kriegerische Auseinandersetzungen hineingezogen. Zerstörung und Wiederaufbau wechselten sich ab. 1711 sprengte die mainzische Besatzung Burg Klopp vollständig; kein Gegner sollte mehr von dem Wehrbau profitieren können. Die neu aufkommende Burgenliebe

Aus dem 16. Jahrhundert stammt der mit einem Treppengiebel verzierte Wohnbau der einstigen Wasserburg Ardeck, in dem heute Verbandsgemeindeverwaltung und ein Kindergarten Platz finden.

im 19. Jahrhundert ließ aus der Ruine eine neugotische Anlage mit Palas, Bergfried und Ringmauer entstehen. Nur geringe Reste des mittelalterlichen Mauerwerks konnten an der Mauer und dem Bergfried beim Neuaufbau (1875/79) weiterverwendet werden. Weit älter ist dagegen der Brunnenschacht im Burghof: Der 52 Meter tiefe Brunnen, der bis zur Sohle des Burgbergs reicht, stammt aus der Zeit um 100 n. Chr. 1986/87 wurde er wieder bis unter den Wasserspiegel ausgebaggert.

Burg Rheinstein kaufte ein Tiroler Opernsänger

Eine bewegte Geschichte können Rheinburgen auch noch im späten 20.

Einen schönen Anblick über Bingen bietet die Burg Klopp, die freilich aus Ruinen in der zweiten Hälfte des 19. Jahrhunderts im neugotischen Stil wiederaufgebaut wurde.

Jahrhundert erleben, wie es das Hin und Her um den Verkauf der ruinösen *Burg Rheinstein* zeigte. Schließlich verkaufte Ihre Königliche Hoheit, Herzogin Barbara von Mecklenburg, den verfallenen Besitz 1975 nicht an die orange-gelb gewandeten Jünger Hare Krishnas, sondern für 330 000 DM an den Sänger Hermann Hecher. Ihr Urgroßvater, Prinz Friedrich von Preußen, hatte Burg Rheinstein –

ebenfalls im Ruinenzustand – 1823 für 100 Reichstaler erworben.

Der Prinz gab der Burg erst den heutigen Namen; im Mittelalter nannte man sie Fatzberg – nach Bonifatius, einem der Schutzheiligen des Mainzer Erzbistums. Die Erzbischöfe ließen einen noch älteren Bau, die Vogtsburg, im 11./12. Jahrhundert als Schutzburg gegen die nahe, feindliche Burg Reichenstein ausbauen.

Ende des 16. Jahrhunderts hatte Rheinstein jegliche Bedeutung verloren, und der Verfall des gotischen Wohnturms und seiner Befestigungsanlagen begann.

Beengte Wohnverhältnisse störten »Preußens« nicht

Das Interesse im preußischen Königshaus für mittelalterliche Geschichte

Der »Burgensammler« sieht es sofort: Burg Rheinstein wurde im vorigen Jahrhundert wiederaufgebaut. Und zwar 1825 / 29 durch einen Preußen-Prinz – und etwas sparsamer, als Baumeister Lassaulx es geplant hatte.

Rheinstein bot nur begrenzt Platz – was dem Burgencharakter durchaus bekömmlich war und die Lust förderte, »Ritteralltag« zu spielen; hier der kleine blaue Salon.

Das Inventar auf Burg Rheinstein, im Bild ein Schlafzimmer, ist nicht mehr original, sondern wurde ab 1976 von dem »Verein der Freunde der Burg Rheinstein« zusammengekauft.

und Burgen führte zu einem Wiederaufbau in den Jahren 1825/29. Die ersten Pläne entwarf Johann Claudius von Lassaulx. Ihre Verwirklichung erschien dem Prinzen zu teuer, so daß er den Hofarchitekten Karl Friedrich Schinkel mit dem Rotstift korrigieren ließ. Verärgert warf der Koblenzer Bauinspektor das Handtuch, und sein Schüler Wilhelm Kuhn führte nun den Burgenbau aus.

Der Wohnturm wurde zu einem viergeschossigen Wohnhaus aufgestockt, bei dem sich das Dach hinter einem neuen Zinnenkranz versteckt. Beengte Wohnverhältnisse müssen für den Prinzen und seine Familie geherrscht haben, denn Erweiterungen für Zimmer einer zahlreichen Dienerschaft waren nicht vorgesehen. Trotzdem hielt man sich gern auf Rheinstein auf, und gekrönte Häupter, wie Königin Victoria von England oder die russische Zarin Alexandra Feodorowna, störte dies ebensowenig. Vielleicht genossen sie gerade den Urlaub vom Hofstaat? Man spielte gelegentlich »Ritteralltag« – was Sie heute auch wieder tun können, da der Rittersaal für Festlichkeiten vermietet wird.
In diesem Saal blieben die Glasfenster aus dem späten Mittelalter erhalten, während die gesamte übrige Innenausstattung aus dem Mittelalter und dem 19. Jahrhundert Antiquitätenhändlern und Räubern zum Opfer fiel. Der neue Eigentümer der Burg und ein 1976 gegründeter Verein der Freunde der Burg Rheinstein haben historisches Inventar wieder neu kaufen müssen.

Gefürchtete Raubritter saßen auf Burg Reichenstein

Nicht nur das preußische Königshaus, sondern auch hochrangige Militärpersonen und Fabrikanten wurden im 19. Jahrhundert von der Burgenleidenschaft gepackt. Auf diese Weise erlebte auch die 1689 gesprengte *Burg Reichenstein* südlich von *Trechtings-*

hausen einen Neuaufbau, der wenig Rücksicht auf die mittelalterliche Anlage nahm.
Die Äbte des Klosters Kornelimünster bei Aachen errichteten im 11. Jahrhundert zum Schutz ihrer Ländereien um Niederheimbach eine erste Burg. In der zweiten Hälfte des 13. Jahrhunderts entwickelten sich die Burgherren zu gefürchteten Raubrittern, so daß der Rheinische Städtebund – ein Zusammenschluß der bedeutenden Städte und Landesherren am Rhein – 1253 das Raubritternest des Philipp von Hohenfels angriff und zerstörte.
Trotz seiner Niederlage ließ Philipp die Burg Reichenstein bald wiederaufbauen. Der Abt von Kornelimünster war jedoch den widerspenstigen Lehnsherrn leid und verkaufte 1270 den klösterlichen Besitz an das Erzbistum Mainz. Das Problem des Raubrittertums blieb den Mainzern erhalten, da Dietrich von Hohenfels 1277 nach dem Tod seines Vaters dessen Tätigkeiten fortsetzte. Mit einer vierjährigen Belagerung der Burg gelang es König Rudolph von Habsburg, Reichenstein auszuhungern und 1282 zu erobern. Danach wurde es ruhig auf der Burg, die nun Sitz eines kurmainzischen Amtsmannes war.
Ab dem 16. Jahrhundert verwahrloste

und verfiel die Burg. 1834 erwarb General von Barfus die Ruine und richtete sich im Torbau wohnlich ein. Wegen der zahlreichen gefiederten Mitbewohner taufte er den Reichenstein in Falkenburg um. Zu Beginn des 20. Jahrhunderts ließ der neue Besitzer, Baron Nikolaus von Kirsch-Puricelli, die Gebäude hinter der bis zu acht Meter mächtigen und 16 Meter hohen Schildmauer im neugotischen Stil aufbauen.

Mit der historischen Burg hat dieser Neubau wenig gemeinsam; vielmehr zeigt er, wie man in wohlhabenden Kreisen zeitgemäßen Lebensstil vor einer mittelalterlich-romantischen Kulisse pflegte. Ein schönes Beispiel ist hierfür die große Bibliothek mit den Mini-Ritterrüstungen im Regal. Die Sammlung von gußeisernen Öfen, Ofenplatten und dazugehörigen

Relativ wenig Einfühlungsvermögen in den ursprünglichen Burgenbau ist jenen zu bescheinigen, die Burg Reichenstein im 19. und 20. Jahrhundert wiederaufbauten; im Bild die bequeme Zufahrt zur Burg.

Holzmodeln im repräsentativen Treppenhaus verrät etwas von den wirtschaftlichen Aktivitäten der Burgherren: Ihnen gehörte die nahe gelegene Rheinböller Eisenhütte.

Burg Sooneck – ein nobles Jagdschlößchen für Prinzen

Von den drei Burgen, die preußische Prinzen im 19. Jahrhundert wiederaufbauen ließen, wurde *Sooneck* die

eleganteste. Die Einrichtung im Stil der Neogotik, des Klassizismus und des Biedermeier bleibt wohltuend-dezent. Hier wurde nicht so dick aufgetragen wie in Stolzenfels.

Im Mittelalter ging es auf Burg Sooneck weniger vornehm und kultiviert zu, denn die Burgherren waren dieselben wie auf dem benachbarten Reichenstein. Die Geschichte der beiden Raubritternester verlief parallel: Der Abt von Kornelimünster konnte die

Links: Mit dem romantischen Blick auf Burg Reichenstein tut sich der Reisende von heute schwer angesichts von Dauercampern am Flußufer, von Straßen und der Eisenbahntrasse.

ern blieben zu einem beachtlichen Teil erhalten. Das Gelände um die Kernburg nutzten Winzer von Trechtingshausen als Weinberg.

Nach einer langen Bedenkzeit kaufte der preußische Kronprinz Friedrich Wilhelm 1834 mit seinen drei Brüdern die Burg und ließ sie 1843 nach dem Motto »Alles sehr einfach im Sinne einer königlichen Jagdburg« restaurieren. Vor allem mußten Geschoßdecken und Dächer eingebaut werden. Der äußere Burghof wurde zu einem Terrassengarten mit Aussichtspunkten umgestaltet, der jetzige Zugang von Norden angelegt.

Doch die Arbeiten zogen sich wegen der politischen Lage, u. a. der Revolution von 1848, aber auch der schweren

loren. Die heute vorhandenen Möbel und Kunstgegenstände wurden durch die Landeskonservatoren von Rheinland-Pfalz zusammengetragen.

Eine überflüssige Burg der ungeduldigen Mainzer Erzbischöfe

In den unruhigen Jahren des späten 13. Jahrhunderts, als König Rudolph von Habsburg gerade die schlimmsten Raubritternester wie Reichenstein und Sooneck ausgehoben hatte, schien es dem Mainzer Erzbischof nötig, oberhalb von *Niederheimbach* eine Burg zu errichten. Der pfälzische Kurfürst versuchte nämlich, seine Macht am Mittelrhein auszudehnen,

räuberischen Lehnsleute nicht unter Kontrolle halten, nur mit königlichem Eingreifen und Belagerung gelang es 1282, die Burg am steilen Hang des Soonwalds zu erobern. Der Kurfürst der Pfalz bemühte sich um den frei gewordenen Amtssitz, doch gelangte dieser, wie Reichenstein, in den Besitz des Mainzer Erzbischofs.

Das Bauverbot aus dem Jahr 1290 wurde 1344 aufgehoben, und die Mainzer errichteten den quadratischen Bergfried und den Palas mit den für diese Zeit typischen Ecktürmchen. Der Zugang zur Burg und dem winzigen Burghof erfolgte von Süden aus dem Soonecker Grund – von der Seite des ausgedehnten Steinbruches, der heute die Umgebung stark beeinträchtigt.

1689 zerstörten die Franzosen zwar auch Sooneck, doch die Außenmau-

Erkrankung Friedrich Wilhelms IV. schleppend dahin. Erst 1861 – im Todesjahr des Königs – war der Wiederaufbau abgeschlossen. Obwohl Prinz Carl nahezu regelmäßig seinen Geburtstag auf Burg Sooneck verbrachte, wurde sie sonst selten von der königlichen Familie besucht und nie im geplanten Sinne als Jagdschloß genutzt.

Von der ursprünglichen Ausstattung ging im Zweiten Weltkrieg vieles ver-

Heute kann man Burg Reichenstein besichtigen und beim Anblick des Schlafzimmers aus dem 19. Jahrhundert darüber nachsinnen, wie sich dermaleinst die räuberischen Ritter dieser Burg zur Ruhe betteten.

und das mußte – aus kurmainzischer Sicht – verhindert werden. 1305 war die *Heimburg*, auch *Burg Hoheneck* genannt, vollendet. Doch schon 1344 erwies sich der Burgenbau als überflüssig, da die Mainzer das Rennen machten und die begehrten Gebiete zugesprochen bekamen. Ein baufreudiger Erzbischof ließ die Burg in der zweiten Hälfte des 15. Jahrhunderts noch einmal ausbauen. Sie diente als Sitz eines Mainzer Amtsmannes und

44 Untergerichtes. Bereits im 16. Jahrhundert verfiel die Heimburg, und 1689 sprengten die Franzosen »sicherheitshalber« den heruntergekommenen Bau.

Ende des 19. Jahrhunderts erwarb der Unternehmer Hugo Stinnes die Burg, um sie als Sommersitz herrichten zu lassen. Aus den Ruinen entstand erneut eine annähernd quadratische Anlage, diesmal in neugotischen Formen. Bot die Lage des Palas an einem kurzen Steilhang während des Mittelalters die größte Sicherheit, so ist sie heute – wie schon im 19. Jahrhundert – wegen der schönen Aussicht auf das Rheintal gefragt. Dem Burgenfreund bleibt der Ausblick verwehrt, da sich die Heimburg nach wie vor in Privatbesitz befindet und nicht zu besichtigen ist.

Burg Fürstenberg: die Kölner Erzbischöfe mischen mit

Seit dem späten Mittelalter gehörten den Kölner Erzbischöfen Land in der Umgebung von Bacharach sowie ein Rheinzoll; beides sollte durch die *Burg Fürstenberg* geschützt werden. Dieser Bau wurde jedoch erst zu Beginn des 13. Jahrhunderts nötig, als die Pfälzer ihre Fühler – und Finger – an den Mittelrhein ausstreckten. 1219 war die Hangburg über *Rheindiebach* fertiggestellt. Bereits 1243 vergab sie der Kölner Erzbischof Konrad von Hochstaden als Lehen an die Wittelsbacher Kurfürsten von der Pfalz. 1410 ging die Burg endgültig in ihren Besitz über.

Die schwersten Zeiten erlebte Burg Fürstenberg im 17. Jahrhundert. Dreimal wurde sie durch feindliche Truppen belagert und erobert: 1620 von den Spaniern, 1632 von den Schweden und 1689 von den Franzosen. Die Auseinandersetzungen im Pfälzischen Erbfolgekrieg brachten das Ende der Burg; seitdem ist die Ruine dem Verfall preisgegeben. Sie hatte nicht das Glück, in die Hände eines baufreudigen neuen Besitzers zu gelangen. Selbst die Reste der mittelalterlichen Mauern und der beiden Türme – ein Flankenturm vor der

Burg Sooneck ist nach Stolzenfels und Rheinstein die dritte Rheinburg, die von Mitgliedern des preußischen Königshauses im 19. Jahrhundert wiederaufgebaut wurde.

Burg Sooneck, von den Preußen-Prinzen nie als Jagdschloß genutzt, ist heute zu besichtigen. In der Eingangshalle schmücken zwei Ritterrüstungen den Raum, dessen Wände historische Waffen zieren.

Schildmauer und der 25 Meter hohe Bergfried – versucht man nicht, zu sichern und zu erhalten.

Gründer-Sohn wird Pfalzgraf auf Burg Stahleck

1135 taucht der Name von *Burg Stahleck* erstmals in einer Lehnsurkunde auf, und Goswin von Stahleck – ursprünglich aus dem Fränkischen stammend – wird als erster Lehnsherr genannt. Seinem Sohn Hermann gelang ein beachtlicher Aufstieg: 1142 ernannte ihn König Konrad III. zum Pfalzgrafen, und damit wurde Stahleck zur Residenz. Kaiser Friedrich Barbarossa vergrößerte noch das Territorium der »Pfalz am Rhein« um weiteren salisch-staufischen Besitz. Die wachsende Macht der Pfalzgrafen erforderte einen repräsentativen Herrschersitz, den man im 12. Jahrhundert als ein schönes Beispiel stau-

fischer Burgenkunst errichtete. Typisch ist die nahezu rechteckige Anlage mit ihrer klaren Gliederung und der Staffelung von Schildmauer, Bergfried und Palas. Die Schildmauer, die sich hinter einem wassergefüllten Halsgraben erhebt, scheint aus dem Fels herauszuwachsen. Sie riegelt wirkungsvoll den Bergsporn ab, auf dem die Burg als höchster Teil der

Ortsbefestigung steht. Ein auf der Nordwest-Seite angefügter Torzwinger bietet nur einen schmalen Durchlaß, der selbstverständlich von einer Pechnase geschützt wurde.

Im 14. Jahrhundert verbesserte man die Wehrhaftigkeit der Schildmauer: Zwei neue Ecktürmchen ermöglichten nun die Flankensicherung, mit den schmalen, hohen Schießscharten entsprach man der Weiterentwicklung der Schußwaffen. In der staufischen Zeit setzt man bereits den hohen Bergfried frei in den Burghof. Dahinter entstand – von möglichen Angreifern aus gesehen – an der geschütztesten Stelle über den Weingärten von Bacharach der Palas.

Hochpolitisch: eine Staufer-Welfen-Hochzeit

Im Mittelalter erfreute sich die Burg bei Brautpaaren aus dem Hochadel besonderer Beliebtheit: 1194 heiratete Agnes von Hohenstaufen ihren Jugendfreund Heinrich den Welfen, obwohl sie aus politischen Gründen bereits Philipp II. von Frankreich versprochen war. Zur Brisanz dieser heimlichen Vermählung kommt noch hinzu, daß die Staufer und Welfen »offiziell« verfeindete Herrscherhäuser waren. Das Schicksal war den Liebenden nicht hold. Mit dem frühen Tod ihres einzigen Sohnes 1214 ging die Pfalzgrafschaft an das Haus Wittelsbach, wo sie bis 1806 blieb. Eine zweite bedeutende Hochzeit fand 1349 auf Stahleck statt: Kaiser Karl IV. heiratete die Pfalzgräfin Anna.

Unter den Kriegszügen des 17. Jahr-

Mitte: Immerhin fuhren schon Dampfboote auf dem Rhein, als diese Ansicht von Burg Sooneck gemalt wurde.
Unten: Die Heimburg wurde Ende vorigen Jahrhunderts von Hugo Stinnes erworben.

hunderts hatten Bacharach und die Burg schwer zu leiden. 1632 eroberten und zerstörten die Schweden Stahleck. 1666 ließ Pfalzgraf Karl Ludwig sie wiederaufbauen; doch schon 23 Jahre später fiel sie den Eroberungszügen Ludwigs XIV. zum Opfer.

Gesprengt und ausgebrannt kaufte sie 1828 Kronprinz Friedrich Wilhelm, um sie seiner Gemahlin Elisabeth von Bayern zu schenken. Doch die Wittelsbacherin hatte wenig Interesse, den ehemaligen Sitz ihrer Vorfahren zu rekonstruieren. Im 19. Jahrhundert wurden sogar Teile der Ruine eingeebnet.

Rettung kam erst 1909, als die Reste in den Besitz des Rheinischen Vereins für Denkmalpflege und Heimatschutz (heute: Landschaftsschutz) übergingen. Zwischen 1925 und 1927 wurden Ring- und Umfassungsmauern wieder hochgezogen und in den neuen Gebäuden eine Jugendherberge eingerichtet. Der jetzige Bergfried entstand erst 1965/67.

Stahlberg schützte den Vier-Täler-Besitz

Der erste Bauherr der *Burg Stahlberg* ist wie auf Burg Fürstenberg der Kölner Erzbischof. Mit beiden Bauten wollte Engelbert von Köln seinen Vier-Täler-Besitz, die langgestreckten Talsiedlungen von Diebach, Manubach, Steeg und Bacharach, schützen. Um 1219 war der Wehrbau auf einem Bergsporn nordwestlich von Steeg vollendet.

Doch konnten sich die Kölner nicht

lange über ihre Burg freuen, denn schon 1243 gelangte das Gebiet als Lehen in pfälzische Hand. Die Wittelsbacher Pfalzgrafen erhielten damit einen günstigen Kontrollposten an der Straße, die ihr Land am Rhein mit pfälzischen Gebieten im Hunsrück verband. Bei den Straßenverhältnissen im Mittelalter war es noch wichtiger als heute, gute Verbindungen zu den Hauptverkehrswegen, wie dem Rhein, zu besitzen.

Bis in das 17. Jahrhundert erfüllte die Burg Stahlberg ihre Aufgabe. Im Dreißigjährigen Krieg wurde sie 1631 von schwedischen Truppen erobert und

beschädigt. Den endgültigen Untergang brachten ihr 1689 die Eroberungszüge Ludwigs XIV.

Seitdem existiert Burg Stahlberg nur noch als Ruine; jedoch wird sie durch den Rheinischen Verein für Denkmalpflege und Landschaftsschutz vor weiterem Verfall bewahrt. Von der Anlage sind noch Reste der Wehrmauern und des Palas erhalten, ebenso ein Rundturm und ein älterer, rechteckiger Bergfried. Wegen der Lage der Burg und ihres Grundrisses vermutet man sogar, daß sie bereits im 12. Jahrhundert entstanden ist. Oder hat sie der Kölner Erzbischof in »altmodischer« Form bauen lassen?

Mit der Schönburg war sogar das Erzbistum Magdeburg am Rhein vertreten

Zweimal bekamen die Magdeburger während des Mittelalters die *Schönburg* zugesprochen. Die Anfänge der Burg liegen im dunkeln. Im 10./11. Jahrhundert wird schon ein Wehrbau an diesem Hang gestanden haben. Vermutlich hat bereits im 3. Jahrhundert ein Wachturm auf der strategisch

Wem der gotische Wohnbau der Schönburg befremdlich erscheint in seinem leuchtenden Rot mit den weißen Fugen, der sei darauf verwiesen, daß dieser Farbanstrich nach historischen Befunden des 14. Jahrhunderts erfolgte.

Still vor sich hin verfallen die letzten Reste der Burg Fürstenberg bei Rheindiebach, die nach glanzvollen Jahrhunderten seit dem Pfälzischen Erbfolgekrieg (1697) dem Ruin preisgegeben ist.

günstigen Stelle gestanden. Von hier aus ließen sich nämlich die Herbergsstation an der römischen Heerstraße, aus der *Oberwesel* hervorging, und die Abzweigung zur Hunsrück-Höhenstraße, der Hauptverbindung zwischen Mainz und Trier, überwachen.

Mit einem Mord taucht die Schönburg 1149 erstmals in den Urkunden auf. Hermann von Stahleck ließ seinen Konkurrenten um die Pfalzgrafschaft, Otto den Jüngeren von Rheineck, gefangennehmen und im Verlies erdrosseln. Dem Ansehen und der Karriere der Schönburg-Bewohner hat diese Schandtat kaum geschadet.

Die Burgherren waren nicht nur furchtbar, sondern auch besonders fruchtbar. Im 14. Jahrhundert mußten sie die Schönburg zu einer Ganerbenburg ausbauen; von nun an saßen drei Linien des Hauses Schönburg auf dem expandierenden Wehrbau. Diese Dreiteilung kann man heute noch erkennen, denn jeder Fami-

lienzweig beanspruchte einen eigenen Bergfried sowie eigene Wohn- und Wirtschaftsgebäude. In Spitzenzeiten sollen bis zu 250 Personen auf der Schönburg gewohnt haben.

Mit einem weiteren Superlativ kann diese Burg aufwarten: dem Paradebeispiel einer Schildmauer. Zu Beginn des 14. Jahrhunderts entstand der »Hohe Mantel«, der wie ein Schutzschild über dem Halsgraben aufragt und den Vorhof mit dem Torturm schützt – vor Blicken und Beschuß. Schmale, hohe Schießscharten unterbrechen das mächtige Bruchstein-

Auf der Schönburg saßen im 14. Jahrhundert drei Linien der großen Familie, jede wollte einen Bergfried sowie eigene Wohn- und Wirtschaftsgebäude – so erklärt sich die große Gebäudezahl dieser Burg.

mauerwerk und verraten den Verlauf von zwei Wehrgängen. Ein dritter befindet sich hinter der vorkragenden und auf Rundbogenfriesen ruhenden Zinnenreihe.

In den Burghöfen Kolpinghaus und Hotel

Durch den annähernd quadratischen Torturm führte ursprünglich der steil von Süden ansteigende Weg in den mittleren Burghof. Nachdem man auf der Rückseite des Turmes ein Gebäude angebaut hatte, mußte ein neuer Zugang rechts durch den Felsen angelegt werden. Auf einem rund acht Meter hohen Felsbrocken stehen die Reste eines polygonalen Bergfrieds. Durch seinen Standort kann man annehmen, daß es sich um den ältesten der drei Bergfriede handelt. An diesen Turmstumpf und die mittelalterliche Wehrmauer wurde ein Kolpinghaus angebaut. Die Südseite des mittleren Burghofs nimmt ein geschlossener Baukomplex ein, der heute ein Hotel beherbergt. Links vom Eingang liegt die spätgotische Burgkapelle, die sich die ehemaligen drei Seitenlinien der Schönburger teilten.

Im 17. Jahrhundert entging die teilweise verfallene Schönburg nicht dem

Seit den Anfängen im 13. Jahrhundert wurde Burg Rheinfels immer
wieder den aktuellen Bedürfnissen
angepaßt; so entstanden im 16.
Jahrhundert die Renaissancebauten,
zu denen der Darmstädter Bau – hier
die Ruine – gehörte.

»üblichen« Burgenschicksal. 1719 starb das Geschlecht der Schönburger aus, und die Ruine wechselte danach mehrfach den Besitzer. 1885 kaufte der Amerikaner T. J. Oakley Rhinelander die Anlage. Seine Vorfahren stammten – wie der Name verrät – aus dem Rheinland, vom gegenüberliegenden Ufer aus Dörscheid. Er plante den Wiederaufbau der mittelalterlichen Schönburg und ließ sich diesen Spaß runde zwei Millionen Goldmark kosten. 1914 waren die Rekonstruktionen und Restaurierungen abgeschlossen, und der amerikanische Burgherr konnte seinen neuen/alten Palas beziehen.

Nach seinem Tode 1947 kaufte die Stadt Oberwesel die Burg und richtete in den Gebäuden des Südteils das erwähnte Hotel ein. Die auffälligste Tat der Denkmalpflege ist heute der Farbanstrich des Palas: Das kräftige Rot, das demjenigen neuer Ziegelsteine ähnelt, und die aufgemalten weißen Fugenstriche gehen auf den ursprünglichen Zustand im 14. Jahrhundert zurück.

Ein Jahr und 14 Wochen belagert: Burg Rheinfels

1190 holte der Abt der Benediktinerabtei in Prüm die Grafen von Katzenelnbogen als Verwalter ihres Besitzes nach St. Goar. Es dauerte gerade 50 Jahre, und aus den Schutzherren des Klosters waren gefürchtete Raubritter geworden.

Um 1245 konnte Graf Diether V. seine kleine Talburg – an der Stelle des heutigen Bahnhofs – verlassen und auf die Burg Rheinfels ziehen. Diese hatte

man so gut befestigt, daß sie der Rheinische Städtebund 1255/56 zwar ein Jahr und 14 Wochen belagerte, aber nicht eroberte. Rund 8000 Mann Fußvolk, 1000 Ritter und 50 Schiffe bemühten sich also vergeblich. Die uneinnehmbare Burg machte nur einen kleinen Teil der heute erhaltenen Anlage aus: Auf den Grundmauern, die

später Fundamente des Darmstädter Baus wurden, standen ein Palas und etwas zur Bergseite abgesetzt der runde Bergfried, von dem nur die Grundmauern erhalten blieben.

Im 14. Jahrhundert wurden Aus- und Umbauten nötig, denn man mußte sich auf den Gebrauch der Feuerwaffen einstellen. Vor den ehemaligen Halsgraben wurde eine Schildmauer gesetzt mit Türmen an ihren Endpunkten, dem Uhrturm im Osten und dem Büchsenmeisterturm im Westen. Der Burgherr ließ den Bergfried aufstocken und ihm die Form eines »Butterfaßturmes«, wie auf der Marksburg, geben. An der Nordecke des Palas entstand ein weiteres Wohngebäude gleich am Steilhang zum Rhein. In der geschütztesten Lage – quasi der hintersten Ecke der Burg – befand sich nun ein Frauenhaus.

1479 starben die Grafen von Katzenelnbogen aus, und der reiche Besitz fiel an die Landgrafen von Hessen-Kassel. Die neuen Herren von Rheinfels bemühten sich auch gleich, den Ruf der uneinnehmbaren Burg zu wahren und brachten die Verteidi-

gungsanlagen auf den neuesten Stand der Technik. Zwischen 1480 und 1527 bauten die Landgrafen Rheinfels zur Festung aus. Um die Burg herum – auf der steil abfallenden Rheinseite, zum Biebernheimer Feld und ins Gründelbachtal hinein – wurden Festungsanlagen eingerichtet. In der direkten Nähe der Burg legte man ein System von gedeckten Wehrgängen und Kasematten an, das man heute teilweise noch durchwandern kann. Der einst besonders gesicherte Bereich der Vorburg hat durch den Hotelbau von 1972 seinen Wehrcharakter verloren. Den alten Halsgraben zwischen der Kernburg und der Schildmauer schüttete man nicht zu, sondern überspannte ihn mit einem weiten Gewölbe und funktionierte das Ganze zum Wein- und Vorratskeller um.

Ab 1570 Ausbau zur Renaissance-Residenz

1567 starb Philipp der Großmütige, Landgraf von Hessen. Noch vor seinem Tode teilte er das Erbe unter den vier Söhnen auf; Philipp hatte er als Herrn über Niederkatzenelnbogen vorgesehen. Er kannte seinen Filius: »Lips, du sollst Rheinfels haben, denn du trinkst gern!«

Unter Philipp II. begann um 1570 der Ausbau zu einer Residenz im Stil der Renaissance. Er ließ vor allem die Wohngebäude erneuern, indem auf die hohen steinernen Grundmauern

Flagge zeigt man auch heute noch auf dem sogenannten Uhrenturm von Burg Rheinfels – freilich nicht mehr die eines Rittergeschlechts, sondern schlicht die deutsche.

50 Fachwerkgeschosse gesetzt wurden. Die rot-weißen Fassaden des Darmstädter Baus und des Frauenhauses mit ihren steilen Schieferdächern voller Dachgauben gaben der Rheinfront, wie uns eine Zeichnung von Wilhelm Dilich aus dem Jahr 1608 überliefert, ein prachtvolles Aussehen, das Bild einer kleinen Stadt oben am Hang.

Die friedlichen Zeiten dauerten nicht lange, denn 1583 nach dem Tode des kinderlosen Philipp II. brach der hessische Erbfolgestreit aus. Brüder und Vettern schlugen sich um Rheinfels, und der Besitz wanderte durch die verschiedenen Familien der hessischen Landgrafen. Kein Wunder, daß bei soviel Ärger jeder der Herren auf Rheinfels die Befestigungsanlagen auf den neuesten Stand bringen ließ. Während des 17. Jahrhunderts wurde

die Residenz so hervorragend gesichert, daß es nicht einmal die sonst so erfolgreichen Franzosen im Pfälzischen Erbfolgekrieg schafften, Rheinfels zu zerstören oder erobern. Im Kampf gegen die Expansionspolitik Ludwigs XIV. war man sich unter den hessischen Landgrafen ausnahmsweise mal einig!

Zwar litt die Burg unter der Belagerung und den Angriffen der französischen Soldaten, doch ließen sich die Schäden nach deren Abzug – wenn auch mit Kosten von über einer Million Taler – beheben. Danach widmete man sich wieder dem Familienstreit. Der Kampfgeist und die Widerstandskraft ließen im 18. Jahrhundert enorm nach: 1758/63 hielten französische Truppen Stadt und Festung besetzt, und auch 1794 überließ man ihnen das Revier nahezu kampflos. Da-

Im 16. und 17. Jahrhundert erhielt die Kurfürstliche Burg ihr heutiges Gesicht – wo einst ein Wassergraben die Anlage umgab, parken heute Autos.

Die schöne Rheinfront von Boppard wird vor allem von den beiden Türmen der mächtigen Severuskirche geprägt, die im 13. Jahrhundert entstand, also vor dem Bau der Burg.

mit kam das Ende von Rheinfels: 1796 sprengten die Franzosen die Anlagen und Gebäude. 1818 wurde das französische Staatseigentum als Baumaterial versteigert und damit der Wiederaufbau der Festung Ehrenbreitstein begonnen.

Rettung kam 1843 aus dem preußischen Königshaus. Prinz Wilhelm kaufte die Ruine, um sie vor dem weiteren Abbruch zu bewahren. Seit 1925 gehört sie der Stadt Goar.

Wasserburg gegen Boppards widerspenstige Bürger

Der Trierer Erzbischof Balduin hatte es zu Beginn des 14. Jahrhunderts nicht gerade leicht, in *Boppard* als Stadtherr Fuß zu fassen. Die Bürger nahmen den Verlust der Privilegien einer reichsfreien Stadt nicht einfach hin. Nun schöpfte Balduin, der als Dank für die Wahlhilfe von seinem Bruder König Heinrich VII. Boppard und Oberwesel erhalten hatte, die Rheinzölle ab und die Steuern der neuen Untertanen. 1327 mußte der Erzbischof seine Ansprüche mit einem Heerzug und der Belagerung der Stadt durchsetzen.

Um den Boppardern zu zeigen, wer nun Herr im Hause war, ließ Balduin um 1340 an der Nordost-Ecke der Stadtbefestigung seine Wasserburg errichten. Von der ursprünglichen Anlage ist nur noch der Bergfried mit seiner alten Bausubstanz erhalten. Er weist eine Spezialität aus der französischen und orientalischen Wehrarchitektur auf: sogenannte Maschikulis. Unter den Rundbögen des obersten Turmgeschosses befinden sich ganze Reihen von Wurfschächten oder Ausgußöffnungen.

Nach dem Brand von 1499 wurde die *Kurfürstliche Burg* nicht nur im frühen 16. Jahrhundert, sondern auch noch im 17. Jahrhundert durch die Trierer Erzbischöfe ausgebaut. Es entstand schließlich die vierflügelige Burg um den Innenhof mit einem verlängerten Nordtrakt, dem ehemaligen Zollhaus. Im 17./18. Jahrhundert saßen die kurtrierischen Amtsverwalter und Amtskellner – sie trieben die Steuern ein – auf der Niederungsburg. Natürlich besaß die Burg ausreichende Lagermöglichkeiten und ein Zehnthaus. Den großen Toren auf der Südseite ist anzusehen, daß man auch mit Fuhrwerken seine Abgaben »in die Scheune fahren« konnte.

Hinter der figurenbestandenen »Krone« des Biebricher Schlosses verbirgt sich eine Kuppel. Rechts: Der Wohnturm ist die »Urzelle« von Schloß Vollrads.

Erste Station ist das Biebricher Schloß; danach folgen beispielsweise Burg Crass und die Kurfürstliche Burg in Eltville, Scharfenstein, Schloß Vollrads, Rüdesheims vier Burgen und Burg Ehrenfels mit dem Mäuseturm.

Die Schönheit des Rheintales reizte den Fürsten Georg August von Nassau-Idstein, sich um 1700 in *Biebrich* ein kleines Gartenhaus errichten zu lassen. Noch vor dessen Vollendung wurde das Lusthaus durch zwei quadratische Anbauten vergrößert. Damit war der Anfang für eine barocke *Residenz* gemacht: Diesem Westpavillon setzte man 1703/08 einen ähnlich gestalteten Ostpavillon gegenüber und verband anschließend beide Häuser durch eine lange Galerie.

Als Mittelpunkt der Anlage schuf der Baumeister Maximilian von Welsch einen Rundbau, der im Inneren einen griechischen Tempel nachahmt. Von außen fällt die Rotunde durch ihre ungewöhnliche Dachgestaltung, ihre »Krone«, auf. Ein Mauerkranz verdeckt die Kuppel, auf ihm stehen paarweise große Figuren aus der Antike. 1734/37 entstand unter der Leitung des Architekten Joachim Stengel der Ostflügel als Marstall. Nach Zerstörungen im Zweiten Weltkrieg wurde er abgebrochen und wiederaufgebaut. Nicht nur wegen der üblichen Symmetrie einer barocken Schloßanlage, sondern auch wegen der Heizprobleme in den bestehenden Gebäuden ließ der nassauische Fürst im Westen einen weiteren Gebäudeflügel errichten, den Winterbau. 1744 war der gut heizbare Trakt fertiggestellt, und das Schloß wurde knapp hundert Jahre lang als ständige Residenz genutzt.

IM RHEINGAU: SCHAUERGESCHICHTEN AUS ALTER ZEIT

Im Gegensatz zur auffälligen Rheinfront wurden die Seitenflügel von Schloß Biebrich im 18. Jahrhundert eher konventionell gestaltet. Hundert Jahre diente das Schloß als Residenz.

Außerordentlich glücklich gewählt war der Standort der Moosburg; die Spiegelung im Teich finden wir heute noch romantisch und sind froh, daß nun Herr und Frau Jedermann das Idyll genießen können.

54 Mit der Ausrichtung ihres Schloßbaus waren die Nassauer der Zeit um mehr als ein halbes Jahrhundert voraus, denn sie ließen den Hauptflügel so stellen, daß die umgebende Landschaft einbezogen wurde und sich aus allen Fenstern ein schöner Blick auf Mainz und das Rheintal bot. Auf der Rückseite blieb man dagegen traditionell mit einer barocken Garten- und Parkanlage.

Unecht aber hübsch – die Moosburg im Park

Der Biebricher Schloßpark wurde im 19. Jahrhundert der neuen Mode in der Gartenarchitektur angepaßt. Die englische Parklandschaft, die der

dung verstanden, außerdem konnte er sich auch noch die Leitern für eine Eroberung sparen: In den Ecktürmen gab es Türen zum Graben.

Wenig lohnende Ruine in Nieder-Walluf

In der Niederung am östlichen Ortsrand von *Nieder-Walluf* sind nicht viel mehr als die Grundmauern einer quadratischen *Turmburg* zu sehen. Über ihre Geschichte ist fast nichts bekannt. Vermutlich stammt die Burg, von der bei Grabungen noch die Reste eines Zwingers und eines Wohnhauses entdeckt wurden, aus dem 10./11. Jahrhundert.

Der einstige Adelshof – nach seinen

freien Natur mehr ähnelt als die barocken Gärten, war gefragt. Dazu gehörten im Idealfall auch Ruinen. Gab es keine geeigneten Trümmer, errichtete man an gut ausgewählter Stelle eine künstliche Ruine – so auch im nördlichen Teil des Schloßparks.

Vermutlich an der Stelle einer mittelalterlichen Burg der Grafen von Nassau baute Carl Florian Goetz 1804/05 die *Moosburg*. Daß es sich hierbei um eine »Spielzeug-Burg« handelt, wird dem Kennerblick nicht entgehen: Die Mauern und Türme sind viel zu niedrig, um dem Palas Schutz zu bieten. Hohe, ungeschützte Fenster und Portale hätte wohl jeder Feind als Einla-

Anfang des 19. Jahrhunderts wurde in dem Biebricher Schloßpark die künstliche Ruine der Moosburg gebaut – eine Freude fürs Auge, jedoch weit entfernt von jeder Burgenrealität.

Besitzern von 1496 bis 1737 auch Freyhof genannt – war eigentlich keine Burg, kein Wehrbau: An der östlichen Giebelwand von *Burg Crass* in *Eltville* verrät eine Zwillingsarkade, daß in dem zweigeschossigen Haus noch romanische Bausubstanz steckt.

Man sollte sich nicht verleiten lassen, den zinnenbekrönten Turm für einen ehemaligen Bergfried zu halten. Er wurde erst im Übergang von der Spätgotik zur Renaissance vor die Verbindungsstelle eines Anbaus gesetzt und diente als Treppenturm. Während das

Mauerwerk des Hauses bis zu einem Meter mächtig ist, erreicht dasjenige des Turmes nur gerade einen halben Meter – damit war er weniger wehrhaft als das Wohnhaus.

Eltville: von Burg Crass zur alten Festung

Im 19. Jahrhundert kaufte Graf Carlomann von Grunne den inzwischen verwahrlosten Hof und ließ ihn im neugotischen Stil renovieren. Dabei wurden die spitzbogigen Fenster eingebaut, der Turm aufgestockt, die Rheinterrasse sowie ein kleiner Park angelegt. 1873 erwarb die Rheingauer Familie Crass das Anwesen, das sie zwar 1913 wieder verkaufte, doch der Name »Burg Crass« blieb.

Wenig Glück hatte Balduin von Luxemburg mit seiner *Festung* in *Eltville*. 1328 war er vom Mainzer Domkapitel zum Erzbischof gewählt worden, doch bestätigte der Papst diese Wahl nicht, und Balduins Konkurrent, Heinrich von Virneburg, erhielt den begehrten Posten. Da hätte dem Luxemburger auch keine Burg genutzt, in der er sich hätte verschanzen können. Erst 1330 hatte er mit dem Bau begonnen, und geplant war, die Festung auf der Rheinseite durch einen mächtigen Rundturm zu sichern.

Sein Nachfolger in Eltville benötigte nicht mehr solche Wehrhaftigkeit und ließ statt dessen einen repräsentativen Wohnturm mit großen Fenstern und einer bequemen Treppe errichten. 1346 konnte er mit seinem Gefolge die Burg beziehen. In dem quadratischen Turm mit reichlich zehn Metern Seitenlänge hatte man alle nötigen Räume untergebracht: im Keller das Verlies, im Erdgeschoß Küche und Vorratskammer, darüber als gute Stube die sogenannte Grafenkammer, im zweiten und dritten Geschoß weitere Wohnräume und als Abschluß die Wehrplatte, den höchsten Verteidigungspunkt der Anlage.

56

Ein Hausratsregister überliefert, wieviele Leute 1465 auf der Burg gelebt haben. Es gab zwei »Bettladen« – einen für den gnädigen Herrn, einen anderen für den Küchenmeister – und 34 Schlafstellen; das waren Betten auf dem Boden. Vermutlich schliefen noch Knechte im Stall, so daß schätzungsweise 50 Personen auf der Burg gelebt haben.

Bekanntester Gast war Johannes Gutenberg, der 1465 hier zum Hofedelmann ernannt wurde und unter anderem das Privileg erhielt, an der kurfürstlichen Tafel zu speisen. Eine kleine Ausstellung (z. Zt. geschlossen) erinnert an den Erfinder des Buchdrucks. Ungewöhnlich ist der fünf Meter tiefe Graben, der die Burg heute umgibt. Der 15 bis 17 Meter breite Graben wurde rechtwinklig ausgemauert und lag in der Regel trocken. Der Burgherr nutzte ihn als Hirschgehege.

Mitte des 16. Jahrhunderts war der Platzanspruch auf der Eltviller Burg derart gestiegen, daß man einen West- und einen Ostflügel an die innere Mauer baute. In den westlichen Teil verlegte der Erzbischof seine Wohn- und Repräsentationsräume – nach Rechnungen wurde 1555 sogar eine Badestube eingebaut –, während der Osttrakt die Arbeitszimmer der erzbischöflichen Beamten beherbergte. Im Dreißigjährigen Krieg wurden die beiden Gebäudeflügel zerstört. Nur der Ostbau entstand in der zweiten Hälfte des 17. Jahrhunderts wieder neu. Die Stallungen und Remisen, die die Nachfolge des Palas auf der Westseite antraten, riß man 1922 ab.

Scharfenstein: Kontrollposten am Rande des Taunus

Nicht nur für die Verkehrswege im Rheintal, sondern auch zur Überwachung der wichtigsten Straßen, die ins Bergland führten, bauten die Landesherren Burgen, so im 12. Jahrhundert die *Burg Scharfenstein* in *Kiedrich*. Bevor die Mainzer Erzbischöfe in Eltville eine angemessene Residenz besaßen, wohnten sie mehrfach auf Scharfenstein.

Dann aber löste die Turmburg am Rheinufer die Höhenburg allmählich ab; Ende des 16. Jahrhunderts war nur noch der Bergfried als Landwarte nutzbar. Der viergeschossige Rundturm mit einem restaurierten oberen Teil überragt die inzwischen eingeebnete Ruine.

Ein spätgotischer Wohnturm: Burg Hattenheim

Wie ein mittelalterliches Hochhaus ragt der Wohnturm mit seinen vier Geschossen und einem hohen Kaminaufbau über die Dächer von *Hattenheim*. 1118 wird ein Geschlecht von Hattenheim erstmals in den Urkunden genannt, doch kann man annehmen, daß die *Turmburg* etwas älter ist. Ursprünglich umgab ein Wassergraben das annähernd quadratische Burggelände. Von 1411 an bewohnte die Familie Langwerth von Simmern den Turm, bis sie dann die schützenden Stadtmauern von Eltville vorzog. Die Verteidigungsmöglichkeiten ihres spätgotischen Wohnturmes entsprachen schon lange nicht mehr den Erfordernissen.

Inzwischen hat ein Burg- und Verschönerungsverein den Turm den aktuellen Bedürfnissen angepaßt – nicht unbedingt zu seinem Vorteil. Er wurde zum Bürgerhaus umfunktioniert und seine Umgebung als regensicheres Festgelände verbaut. Erfreulich ist dagegen die 1989 abgeschlossene Renovierung des ehemaligen Gesindehauses.

Sammlung romanischer Fenster am Grauen Haus

Zwillingsarkaden auf kleinen Säulen, ein Fensterstock mit einem geometrischen Ornamentband oder das Rundbogentor – von roten und weißen Quadern gerahmt – führten lange Zeit zu der Annahme, daß das *Graue Haus*

1346 war der Wohnturm der Kurfürstlichen Burg in Eltville bezugsfertig – für immerhin bis zu 50 Personen. Später wurden zwei Flügel an den Turm angebaut, wovon einer inzwischen abgerissen worden ist.

in *Winkel* das älteste erhaltene Steinhaus Deutschlands sei. Mittlerweile haben Untersuchungen an den Hölzern des Dachstuhls ein exakteres und jüngeres Baudatum ergeben. Das Haus wurde »erst« kurz nach 1075 begonnen. Des Rätsels Lösung: Ein sparsamer Bauherr hatte älteres Baumaterial, Steine und Säulen, die vermutlich von der Ingelheimer Kaiserpfalz stammen, weiterverwendet.

Seit dem Jahre 1131 war das Graue Haus Sitz der Familie Greiffenclau, ab 1330 jedoch nur noch ihr Witwensitz. Die Herren zogen auf die Höhe, in den Wohnturm des späteren Schlosses Vollrads. Schließlich war ihr Haus in Winkel relativ klein und nicht besonders gesichert, also keine Burg. Im 17. Jahrhundert bauten die Besitzer das Gebäude um als Wohnung für Be-

schäftigte ihres Weingutes. Nach einer Brandstiftung im Jahr 1964 wurde das romanische Haus 1978/80 restauriert.

Traditionsreiches Weingut in einem barocken Schloß: Vollrads

Die Nachfahren der einstigen Herren von Greiffenclau, die Grafen Matuschka-Greiffenclau, besitzen sowohl das Graue Haus als auch *Schloß Vollrads*. Sie nutzen die historischen Gebäude auch als Restaurants der Spitzenklasse.

Im frühen 14. Jahrhundert erbten die Herren von Vollrads den Besitz des Geschlechtes von Greiffenclau und übernahmen dazu noch ihren Namen. Das Erbe muß nicht schlecht gewesen

Was einst als herrschaftliches Hirschgehege diente – für Notfälle natürlich der Graben der Kurfürstlichen Burg Eltvilles war – ist heute eine gepflegte Gartenanlage.

58 sein, denn man begann gleich mit dem Bau eines fünfgeschossigen Wohnturmes, der um 1330 fertiggestellt wurde. Im 19. Jahrhundert erhöhte man den quadratischen Turm um ein Geschoß und setzte anschließend wieder das aus dem 18. Jahrhundert stammende Dach auf, eine geschwungene Haube mit Laterne. Auch der Erker von 1627 auf der Südseite wurde aufgestockt.

Mitte des 17. Jahrhunderts war es in der Turmburg zu eng geworden, und man begann mit dem Bau eines zweiflügeligen Schlosses. Das dreigeschossige Gebäude wird jetzt auf der Südseite von zwei Ecktürmen mit Zwiebelhauben begrenzt. Damit hat Schloß Vollrads drei barocke Dächer in seiner Rheinfront zu bieten. Zu dem Herrensitz gehören ebenfalls historische Wirtschaftsbauten, die in dem traditionsreichen Weingut noch immer ihren Dienst tun.

Rüdesheim: gut abgesichert durch vier Burgen

Im 10. Jahrhundert gelangte der Rheingau aus königlichem Besitz in denjenigen der Mainzer Erzbischöfe. Eine bemerkenswerte Karriere stand dabei Rüdesheim bevor. Den Erzbischöfen schien es nötig, das Gebiet durch vier Burgen, auf denen Lehnsleute saßen, zu sichern.

Dieser Abschnitt des Rheintales gehörte zu den kritischsten und unangenehmsten für die fahrenden Kaufleute – für den Zoll dagegen zu den besten. Durch die Felsenge des Binger Lochs waren die Händler gezwungen, ihre Waren entweder auf kleinere Boote umzuladen oder sie mit Fuhrwerken über den sogenannten Kaufmannsweg von Rüdesheim über den Niederwald – wovon noch alte Hohlwege künden – durch das Wispertal nach Lorch zu transportieren. Bei so gründlichem Umladen konnte den strengen Zollbediensteten nichts entgehen. Im 13. Jahrhundert entschärfte man jedoch die Felsbarriere des Binger Lochs, so daß der Schiffsverkehr wieder interessant wurde.

Von *Rüdesheims Weißburg*, auch Burg

auf der Laach genannt, gibt es keine sichtbaren Reste mehr. Bei Baggerarbeiten am östlichen Stadtrand stieß man 1959/60 auf Grundmauern und Spuren ehemaliger Befestigungsanlagen. Das Interesse an weiter verwertbarem Baumaterial war größer als der Denkmalschutz; jedenfalls ist diese Burg, die vermutlich um 1100 erbaut

wurde, wieder in Vergessenheit geraten.

Wenig besser erging es der *Vorderburg* in der Nähe des Marktplatzes. Von ihr blieb ein romanischer Turmstumpf aus Bruchsteinmauerwerk erhalten. Die wichtigste Burg war den Mainzer Erzbischöfen sicherlich die *Niederburg* (heute *Brömserburg* genannt),

Die historischen Fachwerk-Wirtschaftsgebäude korrespondieren mit dem alten Wohnturm von Schloß Vollrads, der im 14. Jahrhundert errichtet und im 19. um ein Geschoß erhöht wurde.

Meter großen Burgbereich, der auf der Westseite einen Zugang besaß. Ende des 12. Jahrhunderts war es notwendig geworden, die Abwehrmöglichkeiten der Burg zu verbessern. Das Mauerwerk wurde verstärkt, der Bering erhöht und ein quadratischer Bergfried in die Nordost-Ecke des Hofes gesetzt. Den schmalen Zwischenraum überbaute man und gewann neue Wirtschafts- und Lagerflächen. Die älteren Gebäudeflügel auf der Rhein- und der Westseite wurden auf drei Geschosse aufgestockt.

Damit waren die räumlichen Möglichkeiten erschöpft und der Burghof nicht viel mehr als ein Lichtschacht. Auch muß die Wohnqualität für die Ritter von Rüdesheim nicht die beste gewesen sein, da nur wenige Räume eine Feuerstelle hatten.

Zwei Rittergeschlechter teilten sich das Lehen

da sie als Zollstation für gute Einnahmen sorgte. Aus diesem Grund stand sie dicht am Rhein – heute freilich durch B 42 und Bahntrasse vom Ufer getrennt. Auf den Fundamenten eines älteren Vorgängerbaus (10. Jahrhundert) entstand im 12. Jahrhundert die wuchtige Anlage. Außen umgab ein Wassergraben – vermutlich mit Rheinwasser gefüllt – den 21 mal 33

Im 13. Jahrhundert tauchten die Ritter Brömser in der Geschichte der

Sie gehören zusammen: lange Rebzeilen und Schloß Vollrads. Als es in dem Wohnturm (rechts) zu eng geworden war, baute man im 17. Jahrhundert das zweiflügelige Schloß, von dem hier die Südfront zu sehen ist.

Burg auf: Sie teilten sich das Lehen mit dem Geschlecht der Rüdesheimer. Seit dem 15. Jahrhundert wurden sie als alleinige Herren genannt. Die große Zeit der Burg war dann jedoch schon vorbei: Um 1228 hatte Burg Ehrenfels mit dem Mäuseturm die Aufgabe der Zollstation übernommen.

1638 gelangte die Niederburg durch Heirat an die Freiherren von Metternich. Zwei Jahre später versuchten französische Soldaten, die Niederburg zu sprengen. Es gelang ihnen nur, die Südost-Ecke der Burg in die Luft zu jagen, Bergfried und Minengang blieben erhalten.

Die Burg verwahrloste, bis 1812 die Grafen von Ingelheim das beschädigte Anwesen kauften. Sie ließen die Gebäude restaurieren und richteten sich wohnlich ein. Ihr »romantischer« Wohnsitz zog zahlreiche Gäste an, selbst Johann Wolfgang von Goethe verewigte sich in ihrem Gästebuch.

Heute lockt die Niederburg weit mehr Besucher an, denn in dem historischen Gemäuer hat das Rheingau-Museum, Museum für Geschichte des Weines in der Brömserburg e. V., seit 1950 seine Bleibe gefunden.

Gleich in der Nachbarschaft liegt die Oberburg

Es ist nicht schwer zu erraten, daß die *Oberburg* oberhalb von *Rüdesheims* Niederburg liegt. Mit »Familiennamen« wird sie auch *Boosenburg* genannt, in Erinnerung an das Geschlecht der Boos von Waldeck. Die waren vom 15. Jahrhundert bis 1830 die Burgherren.

Der schlanke, 38 Meter hohe Bergfried der Oberburg stellt einen interessanten Gegensatz zu dem massigen, plumpen Klotz der Niederburg dar. In der Mitte der einstigen Burganlage stand der Turm aus dem 12. oder frühen 13. Jahrhundert mit seiner ungewöhnlichen Sicherung. Ursprünglich war er auf drei Seiten bis in eine Höhe von rund 14 Metern mit schmalen Wehrgängen umgeben. Diese drei Wehrgeschosse trugen noch eine umlaufende Wehrplatte. Erst von hier konnte man den Turm betreten.

Nur noch die Ober- und die Niederburg sind von den vier Burgen erhalten, die einst in Rüdesheim das Zollkassieren und die Sicherheit garantieren sollten; hier die Ober- oder Boosenburg.

Im 15. und 16. Jahrhundert wurden Wohngebäude an den Rand des Burghofes gesetzt und dafür sogar Fensteröffnungen durch die Ringmauer gebrochen. Die Burg als Festung schien nicht mehr gefragt. Trotz der unruhigen Zeiten, die das 16. und vor allem das 17. Jahrhundert brachten, zogen zahlreiche Rüdesheimer Adelsfamilien in neue Höfe innerhalb der Stadt – allen voran die Ritter Brömser von der Niederburg. Die Stadthäuser, wie der Brömserhof in der Obergasse, boten größeren Wohnkomfort als die Burgensitze.

Mitte des 19. Jahrhunderts wurde die Oberburg den aktuellen Bedürfnissen angepaßt. Unter der Leitung des nassauischen Baurates Philipp Hoffmann wurde die Burg bis auf den Turm abgerissen. Den Graben ließ er mit einem Gewölbe decken und erhielt so den Keller für das neugotische Wohngebäude. Der einstige Bergfried wurde noch um sechs Meter erhöht und mit einem neugotischen Zinnenkranz abgeschlossen.

Zollburg mit Außenstation: Burg Ehrenfels und der Mäuseturm

Am Eingang zum Binger Loch besaßen die Mainzer Erzbischöfe höchst wirksame Zolleinrichtungen: am Berghang *Burg Ehrenfels,* auf dem rechten Ufer ein zusätzliches Zollhaus, in dem der Zollschreiber wohnte und gleichzeitig das Lagerhaus bewachen konnte, und in der linken

Nicht mehr wie einst direkt am Rhein steht die Niederburg, auch Brömserburg genannt. Nach schweren Zerstörungen wurde sie Anfang des 19. Jahrhunderts wieder hergerichtet.

Stromhälfte den Mäuseturm auf einer winzigen Insel.

Mit dem Bau von Ehrenfels hatte Philipp von Bolanden, ein Bediensteter des Mainzer Erzbischofs, um 1211 begonnen. Nach seinem Tode bemühte sich die Witwe, die Burg zu bekommen, da ihr Mann private Mittel in den Bau gesteckt hatte. Doch die königliche Rechtsprechung war – wen wundert es – auf der Seite des Mächtigeren, und der Erzbischof erhielt die Burg in der allerbesten Lage.

Mit dem Domschatz Zuflucht in der Festung

Im 14. Jahrhundert entwickelte sich Ehrenfels zu einem beliebten Aufenthaltsort der Kirchenfürsten. Auch in unruhigen Zeiten zog man sich häufiger mit dem Domschatz in die Festung zurück. Dafür hatte man Mitte des 14. Jahrhunderts die Wehranlagen

Hier hat man sie auf einen Blick: die Nieder- und die Oberburg von Rüdesheim. Noch heute besticht der Kontrast des hohen Bergfrieds der Oberburg zu dem massigen Gebäude der Niederburg.

Da muß man einfach innehalten und den Anblick genießen – Burg Ehrenfels am Binger Loch bietet auch (oder gerade) als Ruine einen herrlichen Anblick.

verbessert. Die eindrucksvolle Schildmauer aus jener Zeit ist heute noch die Attraktion der Ruine. Rund 20 Meter breit schützte die 4,6 Meter dicke Mauer die gesamte Anlage. Das Bollwerk entstand in mehreren Abschnitten; die Fundamente stammen bereits aus dem 13. Jahrhundert. Zwei Türme »wachsen« an den Enden aus dem Mauerwerk, treten mit ihren Obergeschossen leicht vor und ermöglichen so die Flankensicherung. Hinter der Mauer verbinden zwei Wehrgänge die Eckflankentürme.

Prächtig ausgestattet und mit gutem Ausblick: der Palas

Auf der geschützten Südseite lag mit gutem Blick aufs Binger Loch und den westlichen Teil des Rheingaus der Palas. Er muß eine prächtige Ausstattung besessen haben, da er häufig den Erzbischöflichen Hof beherbergte. Im Dreißigjährigen Krieg gehörte Ehrenfels mit seiner strategisch günstigen Lage zu den gefragten Objekten. Mehrfach wurde die Burg belagert und wechselte den Besitzer. Während des Pfälzischen Erbfolgekrieges je-

kleine Rheininsel einen Wachturm setzen. Kein Zollflüchtling sollte ihm entkommen können, jeder seine Maut – seinen Zoll – auf Heller und Pfennig genau bezahlen! Aus dem viergeschossigen Turm ließ sich der Stromabschnitt gut kontrollieren.

Ursprünglich besaß der quadratische Bau mit einem schlanken, sechseckigen Treppentürmchen ein Walmdach und Eckerker, doch seit einer Restaurierung, die 1855 das preußische Königshaus veranlaßt hatte, bekrönen neugotische Zinnen den Mäuseturm. Natürlich hat der Volksmund im Laufe der Zeit seine eigene Erklärung für den Namen des Wachturmes gefunden – und es wurde eine Horrorgeschichte daraus:

In der zweiten Hälfte des 10. Jahrhunderts lebte ein raffgieriger und grausamer Erzbischof in Mainz. Die erzbischöflichen Zehntscheunen waren voll, doch das Volk litt unter einer Hungersnot. Viele starben – Hatto II. von Mainz berührte das nicht. Schließlich konnte er das Jammern und Klagen seiner Untergebenen nicht mehr hören und bestellte die Hungrigen in eine Scheune vor der Stadt, dort sollten sie Brot erhalten.

Eine Menschenmenge strömte herbei und drängte in die Scheune. Als sie zum Bersten gefüllt war, ließ Hatto die Tore verschließen und das Gebäude an allen vier Ecken anzünden. Qualvoll verbrannten die Leute bei lebendigem Leib, ihre furchtbaren Schreie brachten keine Hilfe herbei. Statt dessen spottete der herzlose Erzbischof: »Hört, wie die Kornmäuse pfeifen!«

Die Strafe des Himmels kam jedoch bald: Mäusescharen verfolgten den grausamen Herrscher. In Mainz war er nicht mehr sicher; er floh nach Bingen auf die Burg Klopp. Auch dort stöberten ihn die Nagetiere auf. Seine letzte Rettung schien der Zollturm im Rhein zu sein, das Wasser würden die Mäuse nicht überwinden können. Hatto ließ sich übersetzen und quartierte sich im Turm ein. Um sein Bett hängte er ein enges Eisengitter, damit kein Tier ihn erreichen könnte. Aber er hatte Pech: Mäusescharen schwammen durch die Fluten, kletterten in seine Schlafkammer und fraßen sich bis zum Bett durch. Mutige Schiffer wagten sich nach drei Tagen in den Turm – und fanden nur noch ein abgenagtes Gerippe vor.

63

doch sprengten französische Truppen im Jahr 1689 die einst so bedeutende Zollburg.

Die gar schauerliche Mär vom Binger Mäuseturm

Anfang des 14. Jahrhunderts ließ der Mainzer Erzbischof zur Verstärkung seiner Zollburg Ehrenfels auf eine

Fast majestätisch liegt Burg Maus
über Wellmich. In der restaurierten
Anlage ist heute eine Greifvogelwarte beheimatet. Rechts: Romantisch überwachsener Turm auf Burg
Liebenstein.

Geschichte haben sie alle: Burg Nollig, Gutenfels, Katz, Maus, die »Feindlichen Brüder« Sterrenberg und Liebenstein, die Philipps- und die Martinsburg sowie Lahneck. Und um viele Burgen ranken sich auch Legenden.

Am besten ist der Blick über die Mündung der Wisper in den Rhein und den Ort *Lorch* von *Burg Nollig.* Hier ließ der Mainzer Erzbischof im 14. Jahrhundert einen Wachturm aus Fachwerk errichten. Von der strategisch günstigen Stelle konnten drei wichtige Verkehrswege kontrolliert werden: das Rheintal, das untere Wispertal – ein großer Teil des Warentransportes wurde wegen der Stromschnellen im Binger Loch durch dieses Tal nach Rüdesheim und Geisenheim umgeleitet – und zum dritten gab es einen Weg, der von Lorch über den Berg Nollig in kurpfälzisches Gebiet führte.

Eine großartige Burg schien dem Landesherrn jedoch nicht nötig, er begnügte sich mit einem dreigeschossigen Fachwerkturm. Freilich wurde diese Bauweise bald als zu leicht befunden und das Gebäude mit Bruchsteinmauerwerk ummantelt. Die Aussparungen für die Balken, wie sie in ähnlicher Form noch auf Burg Liebenstein zu sehen sind, waren bis zum Innenausbau im Jahr 1939 sichtbar.

Mit den Veränderungen im 14. Jahrhundert setzte man an die Hangseite der Turmburg zwei Rundtürme. Nun schützten eine Schildmauer und ein doppeltes Grabensystem die Burg. Bemerkenswert ist, daß die Schildmauer nicht von Schießscharten oder kleinen Fensteröffnungen durchbrochen wird; nur von einem hohen Wehrgang aus ließ sich die Anlage verteidigen.

VON KATZ, MAUS UND FEINDLICHEN BRÜDERN

Schon aus der Ferne unterscheidet sich *Burg Gutenfels* deutlich von den anderen Burgen im Rheintal. Sie bietet nicht das »romantische« Bild mit vielen Türmchen, Erkern, spitzen Dächern und verwinkelten Gebäuden, sondern einen schlichten, klar gegliederten Bau: Ein quadratischer, 35 Meter hoher Bergfried schließt sich an den ebenfalls quadratischen, zentralen Burgbereich an. Dieser ist zu gleichen Teilen in Palas, Burghof und Rüstbau, den ehemaligen Wirtschafts- und Lagertrakt, aufgeteilt. Der Grundriß der Gesamtanlage erinnert stark an eine dreischiffige Kirche. Auch die Zwillingsfenster des Palas – man sieht sie gut auf der Südseite zum Rheintal hin – finden wir heute noch in romanischen Gotteshäusern.

Anfang des 16. Jahrhunderts erhielt Gutenfels ihren Namen

Zu Beginn des 13. Jahrhunderts errichteten die königlichen Beamten aus dem Geschlecht der Falkenstein auf einem Sporn zwischen dem Blücher- und dem Rheintal eine Burg. 1261 wird sie erstmals als castrum – Festung – Cube genannt. Der Name blieb im Ort *Kaub* erhalten, während die Höhenburg Anfang des 16. Jahrhunderts einen neuen Namen bekam: Gutenfels. Im bayerisch-pfälzischen Erbfolgekrieg erwies sich die Burg als ein wehrhafter Fels im Ansturm des Landgrafen Wilhelm von Hessen. Es gelang ihm auch nach einer 39tägigen Belagerung nicht, Stadt und Burg zu erobern. Schon 1252 hatte ein anderer Wilhelm, diesmal war es der deutsche König, vergeblich versucht, die Herrschaft über die Burg zu gewinnen.

1277 verkauften die Herren von Falkenstein ihren Besitz an die pfälzischen Kurfürsten. Die Pfalzgrafen verstanden es, ihre Macht im Rheintal auszubauen. 1327 errichteten sie den Pfalzgrafenstein (siehe Seiten 27–29), die Zollburg mitten im Rhein. Der Mainzer Erzbischof mobilisierte sogar Papst Johann XXII. gegen seinen lästigen Nachbarn – doch ohne Erfolg. Nach dem Mainzer Vorbild mit Burg

Ehrenfels und dem Mäuseturm besaßen die Pfalzgrafen nun eine ähnliche Zollschranke bei Kaub.

Unruhige Zeiten erlebte Burg Gutenfels während des Dreißigjährigen Krieges: Feindliche Truppen lösten sich mehrfach als Burgherren ab. Von 1620 bis 1632 waren Kaub und die Burg in den Händen der Spanier, 1632 gerieten sie in schwedischen Besitz,

1635 bis 1645 bestimmten kaiserliche und hessen-darmstädtische Truppen, 1645 übernahmen die Franzosen das Gebiet, bis sie 1646 von den kaiserlichen und diese 1647 von hessischen Soldaten verdrängt wurden.

Nach so zahlreichen Auseinandersetzungen ist es erstaunlich, daß Gutenfels diese Angriffe überstanden hat und nicht zur Ruine wurde. Mit den

Heute hat sie nichts mehr zu bewachen, die Ruine der Burg Nollig über Lorch, die einst an strategisch günstiger Stelle der Wisper-Einmündung in den Rhein errichtet wurde.

Ausbauten im 16./17. Jahrhundert hatten die jeweiligen Burgherren das Befestigungssystem auf den aktuellen Stand gebracht; dabei fügten sie an den Burgbereich weitere Sicherungsanlagen wie Zwinger und Bastionen an.

Die größte Gefahr drohte der Burg zu Beginn des 19. Jahrhunderts, als sie 1803 in den Besitz des Herzogtums Nassau gelangte und kurz danach auf Abbruch versteigert wurde: 1805 das Inventar, 1807 das Bauholz und 1813 das Mauerwerk. Rettung kam 1833. Der Wiesbadener Archivar Friedrich Habel kaufte die Ruine und stoppte damit den Ausverkauf des Baumaterials. Es war nicht die einzige Burg, die er auf diese Weise vor dem endgültigen Untergang bewahrte.

Doch erst zum Ende des Jahrhunderts sollte Gutenfels – nun im Besitz des Kölner Architekten Gustav Walter – wieder ausgebaut und bewohnbar werden. Zwischen 1889 und 1892 erhielten der Palas ein Treppenhaus, der Burghof eine umlaufende Holzgalerie, und der Rüstbau wurde um ein drittes Geschoß aufgestockt. Heute befindet sich ein Hotel in der restaurierten Burg.

Die heutige Burg Katz ist gerade 100 Jahre alt

Auch oberhalb von St. Goarshausen betätigten sich im ausgehenden 19. Jahrhundert Architekten als Burgenbauer, um eine Ruine in einen brauchbaren »romantischen« Wohnsitz zu verwandeln. Obwohl daraus ein neuer Bau der *Burg Katz* wurde, hatten die beiden Baumeister Emil Schreiterer und Bernhard Below keine freie Hand bei ihrer Aufgabe: Zum einen sollten die mittelalterlichen Fundamente weiter genutzt werden, zum anderen sollte die Burg im Wesentlichen wieder ihr historisches Aussehen erhalten. Doch die neue Burg unterscheidet sich deutlich von ihrem Vorgängerbau.

Mitte des 17. Jahrhunderts ließen sie die Grafen von Katzenelnbogen zur Verstärkung ihrer rund hundert Jahre älteren Burg Rheinfels (siehe Seiten

Oben die Gutenfels, unten erinnert das Denkmal an Marschall Blüchers Rheinüberquerung bei Kaub in der Neujahrsnacht 1813/14.

49–51) auf dem rechten Rheinufer errichten. Damit besaßen auch sie einen Riegel im Rheintal, an dem sie alles kontrollieren und abkassieren konnten, was über die Linie St. Goar–St. Goarshausen wollte. Deshalb war es nicht nötig, Burg Katz zu einer Residenz auszubauen, sondern man beschränkte sich auf einen Festungsbau. Die Grafen fühlten sich in ihrer Position recht stark, wie es der Volksmund überliefert. Der Herr auf Neukatzenelnbogen war sich sicher, daß seine (Burg) Katz bald die über Wellmich entstehende Deuernburg, die »Maus« des Trierer Erzbischofs, fangen und fressen würde. Doch es blieben leere Worte! Als 1479 die Grafen von Katzenelnbogen ausstarben, saßen noch immer kurtrierische Amtsleute auf Burg Maus.

Wie ein Balkon hängt die Bastion über dem Rhein

Für die Bauarbeiten der Burg Katz über St. Goarshausen mußte Fels gesprengt und das Gelände einplaniert werden. Eine schmale, leicht gebogene Anlage zieht sich den Sporn hoch. Geschützt zum Rheintal steht der Palas mit zwei – ursprünglich drei – vorragenden Türmen. An ihm führte nur ein schmaler Zwinger vorbei zu einer Bastion, die wie ein Balkon über dem Rheintal hängt.
Zur Bergseite schließt sich an den Wohnbau der Burghof an, den ein runder Bergfried aus mittelalterlichem Mauerwerk überragt. Einst besaß der Turm noch ein mehreckiges Obergeschoß und ein steiles Dach mit vier Fachwerktürmchen. Nach den genauen Zeichnungen von Wilhelm Schäfer genannt Dillich aus den Jahren 1607/1608 weiß man vom früheren Aussehen des Bergfrieds und kann ebenso eine ursprüngliche Höhe von 40 bis 50 Metern annehmen. Damit gehörte der Bergfried zu den höchsten im Rheinland.
Nach dem Aussterben der Grafen von Katzenelnbogen gelangte Burg Katz in den Besitz der hessischen Landgrafen und – wie bei Burg Rheinfels beschrieben – in den lange dauernden

Heute scheinen Wüstenrot-Häuser der Burg Katz in den Burghof spucken zu können, und ihre Lage über St. Goarshausen wirkt in unseren Tagen auch nicht mehr sonderlich bedrohlich.

Familienstreit der verschiedenen Seitenlinien. Mitte des 18. Jahrhunderts hatte die Burg so unter dem Bruderkrieg gelitten, daß sie während des Siebenjährigen Krieges ohne Gegenwehr von den Franzosen eingenommen werden konnte. Nach deren Abzug 1764 lebten hessische Invaliden in der teilweise zerstörten Burg. Um 1800 wurden laut Rechnungen Instandhaltungsarbeiten durchgeführt. Doch man hatte nicht mehr viel davon: 1806 gab Napoleon den Befehl, die Anlage zu sprengen.
1896 kaufte der Landrat des Kreises St. Goarshausen die Ruine und ließ die Burg in Anlehnung an das historische Aussehen wieder erstehen. Die Balkone zwischen den beiden Türmen sind ein Zugeständnis an das Streben nach schöner Aussicht in jener Zeit. Ursprünglich befanden sich hier zwei hohe Kreuzstockfenster, ähnlich denen an der Palaswand.
Inzwischen hat ein Japaner die Burg gekauft und sich damit den Traum erfüllt, in der Nachbarschaft der berühmtesten Rheinländerin zu leben. In Ostasien ist heute die Loreley weit bekannter als bei uns. »Ich weiß nicht, was soll es bedeuten«, meinte schon Heinrich Heine.

Der Kaiser gab 1356 die Bauerlaubnis für Burg Maus

Den Herren von Burg Katz gelang es nicht, sich die benachbarte Maus einzuverleiben. Erfolgreicher waren sie dagegen mit der Namensgebung, denn weder »Deuernburg«, »Thurnberg« oder »Peterseck« setzte sich durch: *Burg Maus* machte das Rennen. Mit ihr beabsichtigte der Trierer Erzbischof, neu gewonnenen Besitz gegen seine nicht minder besitzergreifenden Nachbarn zu sichern. Der Kaiser gab 1356 die Bauerlaubnis, und die Arbeiten an der Höhenburg über *Wellmich* begannen.

Man sieht es sofort, daß Burg Katz keine »echte« alte Burg mehr ist: Sie wurde nach 1896 zwar auf den alten Fundamenten, aber doch im Geschmack der Zeit wiederaufgebaut.

Der Grundriß der Anlage zeigt Ähnlichkeiten mit Burg Gutenfels, denn auch hier fällt eine Dreiteilung in Burghof und zwei parallel liegende Gebäude auf. In die verstärkte Schildmauer wurde ein runder Bergfried gesetzt, der erst zu Beginn des 20. Jahrhunderts einen kleinen Aufbau erhielt. An der geschützten Rheinseite entstand – wie auf Gutenfels – der Palas, auf der Nordseite des Burghofs ebenfalls Wirtschaftsbauten.

Burg Maus entwickelte sich schnell zur Lieblingsresidenz einiger Trierer Erzbischöfe, so daß der Wohnraum bald zu knapp wurde. Bereits Ende des 14. Jahrhunderts verdoppelte man die Grundfläche eines Wohnturmes, der sich im Westen an den Wirtschaftstrakt anschloß, und baute ihn viergeschossig auf.

Eine Besonderheit bietet die Burg bei ihrer Sicherung: Der geschlossene

Wie nahe die Burgen häufig beieinander zu finden sind, macht dieses Bild deutlich. Auf der Rheinfels stehend, hat man diesen Blick über den Strom zur Burg Katz.

70 Gebäudekomplex wird nicht wie üblich von einem Zinnenkranz bekrönt; statt dessen liegt der umlaufende obere Wehrgang geschützt unter einem Dach, und geschossen wurde aus kleinen Fenstern. Zur Flankensicherung fügten die Baumeister zahlreiche Ecktürmchen unterschiedlicher Höhe und Form an.

Außen umgibt den annähernd quadratischen Bering eine schmale Zwingeranlage, die auf der Westseite hinter dem Burgeingang erweitert ist. Hangseitig erhebt sich ein spitzer, dreieckiger Zwinger über dem schützenden Halsgraben.

Wie die sehr lückenhafte Geschichte überliefert, wurde die Wehrhaftigkeit der Burg selten auf die Probe gestellt; weit stärker nagte der Zahn der Zeit an ihr. 1806 versteigerte man den heruntergekommenen Bau auf Abbruch. Doch diesem Schicksal entging die Maus. Der Kölner Architekt Gärtner restaurierte vor allem die Wohngebäude (1900/06) und stattete die Räume wieder im alten Stil aus. Die Burg wurde erneut bewohnt.

Heute ist sie weiterhin in Privatbesitz und beherbergt eine Greifvogelwarte, die während des Sommerhalbjahres Flugvorführungen bietet.

So wie wir die Ritter inzwischen kennen, konnte es auch nicht gut gehen mit den Herren von *Sterrenberg* und *Liebenstein*. Keine 500 Schritte liegen ihre Burgen auf demselben Bergsporn voneinander entfernt. Natürlich hat der Volksmund zu diesem ungewöhnlichen Fall einige Erklärungen und Geschichten hervorgebracht, eine wird hier erzählt.

Problematische Nachbarschaft: die »Feindlichen Brüder«

Einst lebte ein reicher Ritter mit seinen beiden Söhnen und einer blinden

Der fotografische Blickwinkel läßt die Burganlage noch dichter bebaut erscheinen, als sie in Wirklichkeit ist: Burg Sterrenberg, die eine der »Feindlichen Brüder«.

Rechts: Auch aus der »Froschperspektive« liegen sie nur einen Steinwurf auseinander: Burg Sterrenberg (links) und Burg Liebenstein über dem Kloster Bornhofen.

Burg Liebenstein – oberhalb von der Sterrenberg – wurde im 13. Jahrhundert errichtet, jedoch im 16. Jahrhundert zugunsten komfortablerer Gebäude als Wohnsitz aufgegeben.

Tochter auf Burg Sterrenberg. Sein ausgeprägter Gerechtigkeitssinn veranlaßte ihn, als Erbe für den jüngeren ebenfalls einen Herrensitz zu bauen: die Burg Liebenstein. Außerdem bestimmte er, daß nach seinem Tode das Vermögen zu gleichen Teilen unter den drei Kindern aufgeteilt werden sollte. Doch die Brüder dachten nicht daran. Als es darum ging, den Schatz an Gold- und Silberstücken zu verteilen, nutzten sie in trauter Einigkeit die Blindheit ihrer Schwester aus. Sie füllten sich jeweils den Scheffel voll, wenn sie vom Berg der Münzen schöpften; war jedoch ihre Schwester an der Reihe, drehten sie das Maß um und legten einige Geldstücke außen auf den Boden. Die Blinde tastete die Münzen ab und konnte den Rand des hölzernen Gefäßes zwar fühlen, aber den Betrug nicht bemerken.

Der Himmel sollte bald den skrupellosen Brüdern die gerechte Strafe bringen. Schon kurz nach dem Tod des Vaters zerstritten sie sich gründlich, so daß sie ihre Burgen durch eine noch höhere Mauer voneinander trennten. Nachdem sie ihr Vermögen durchgebracht hatten und arm auf ihren Burgen saßen, versöhnten sie sich wieder. Eines Abends verabredeten sie sich zur Jagd am folgenden Morgen. Derjenige, der zuerst aufwachen würde, sollte den anderen wecken – mit einem Pfeilschuß auf den Fensterladen. Und es kam, wie es kommen mußte: Als der Frühaufsteher gerade den Pfeil abgeschossen hatte, öffnete der Bruder das Fenster, und das Geschoß bohrte sich in sein Herz.

Der unfreiwillige Brudermörder pilgerte zur Buße ins Heilige Land. Doch ohne seinen Seelenfrieden zu finden, starb er in der Fremde.

Wahr ist an der tragischen Geschichte, daß *Sterrenberg* die ältere der beiden Burgen ist. Sie wurde als Reichsburg zu Beginn des 12. Jahrhunderts gegründet, vielleicht auch schon früher. 1190 wurde sie allerdings erst namentlich im Lehnsbuch Werners II. von Bolanden erwähnt. Von 1295 bis 1315/20 befand sie sich im Besitz der Grafen von Sponheim-Dannenfels. Danach gehörte sie für rund 400 Jahre bis 1806 zu Kurtrier und wurde zeitweise als Sitz eines kurtrierischen Amtsmannes genutzt. Bereits in der Mitte des 16. Jahrhunderts schien sie aufgegeben, denn in einer Urkunde des Jahres 1568 wurde sie als »ein alt, verfallen, unbewohnt Haus« bezeichnet.

Burg Sterrenberg – auch als Kartoffelacker genutzt

Im 18. Jahrhundert nutzten Bornhofer Bürger die Burg als Steinbruch und pflanzten auf den Burghöfen Kartoffeln und Raps an. Bei der Enge des Rheintales durften ebene Flächen nicht brach liegen. Anfang des 19. Jahrhunderts gelangte die Anlage in nassauischen, ab 1866 in preußischen Staatsbesitz. Seit 1945 gehört sie dem Land Rheinland-Pfalz, das die Ruine gesichert und teilweise wieder ausgebaut hat.

Auf der Bergseite schützten umfangreiche Sicherungsanlagen vor anstürmenden Feinden und den Nachbarn von Liebenstein. Eine Brücke führte über den 14 Meter breiten Halsgraben in den ersten Zwinger. Dieser wurde durch eine gotische Schildmauer von 9,30 Meter Höhe abgeschlossen. Sie wurde im 14. Jahrhundert als zusätzliche Abwehr errichtet. Auf dem Weg ins Burginnere folgte noch einmal die Serie: Halsgraben, Zwinger und – nun romanische – Schildmauer.

Mitten im allseitig ummauerten Burghof stand auf einem Felsen der quadratische Bergfried, nochmals von einem kleinen Zwinger umgeben. An der Nordost-Ecke des eingeebneten Burggeländes befand sich der Palas; die rekonstruierte Fensterfront deutet dies an. 1971 wurde daneben das sogenannte Frauenhaus mit einem Treppenturm instandgesetzt, so daß es wieder bewohnbar wurde. Auf der gegenüberliegenden Seite entstand am Abhang zum Rhein ein gotisierender Neubau als Burgschenke.

Sicherlich haben sich die Grafen von Sponheim einen besseren Bauplatz für ihre Burg gewünscht, die sie zwischen 1284 und 1290 oberhalb von Sterrenberg errichteten. Bereits vier Jahre später war Graf Heinrich von Sponheim wegen drückender Schulden gezwungen, die Burg, die Vogtei

in Hirzenach, das Dorf Osterspai und ein Viertel von Kamp mit seinen Weinbergen als Lehen an Enolf von Sterrenberg zu geben. Nach weiteren sechs Jahren gehörte den Rittern von Sterrenberg das gesamte Lehen der Liebensteiner – und man übernahm gleich noch deren Namen.

Zehn Ganerben teilten sich Burg Liebenstein

In der ersten Hälfte des 14. Jahrhunderts wurde der Besitz durch Erbteilungen so zersplittert, daß ihn sich 1340 zehn Parteien – Ganerben – teilen mußten. Fünf von ihnen besaßen auch Anteile an den Sterrenbergschen Gütern und der Burg. Das bedeutet nun nicht, daß die Burgen übervölkert gewesen wären. Einige der Lehnsherren besaßen nur auf dem Papier verbriefte Rechte, ohne jedoch von ihrem Besitz zu profitieren. Im Falle eines Angriffs hätten sie sich allerdings an der Verteidigung beteiligen müssen.

Ende des 16. Jahrhunderts gab man *Burg Liebenstein* als Wohnsitz endgültig auf, nachdem die Herren es früher schon vorgezogen hatten, den kal-

ten Winter in komfortableren Höfen zu Kamp und Osterspai zu verbringen. Das Schloß Liebeneck über Osterspai trat um 1590 die Nachfolge der Burg Liebenstein an. 1637 starb das Geschlecht der Liebensteiner aus, und die Burg kam in den Besitz des Hauses Nassau-Saarbrücken. Seit 1793 gehören Burg Osterspai und Burg Liebenstein – sowie weiter rheinab Burg Lahneck – den Freiherren von Preuschen.

Früher betrat man das Burggelände an der Südwest-Ecke. Im Steilhang zum Rhein läuft der ehemalige Halsgraben aus; Reste eines Brückenpfeilers sowie die Ruine des Torturmes sind noch erhalten. Doch so ruinös, wie dieser Turm auf den ersten Blick erscheint, ist er auch wieder nicht: Er besaß nie eine Wand auf seiner Nordseite, sondern war offen zum oberen Burghof.

Nach dem Vorbild der Burg Sterrenberg haben die Erbauer auch bei Liebenstein den Bergfried auf einen künstlich versteilten Felsblock gesetzt. Auf der Südseite schützte eine rund 2,30 Meter mächtige Mantelmauer den rechteckigen Bergfried. Drei Strebepfeiler geben der Mauer, die auf den blanken Fels gesetzt wurde, zusätzlichen Halt.

Sieben Geschosse hatte einstmals der Wohnturm

Das wahrscheinlich älteste Gebäude steht am östlichen Ende der Mantelmauer als zweiter Turm am Halsgraben. Im Inneren sind 20 mal 20 Zentimeter große Aussparungen an allen Wänden zu sehen, die anzeigen, daß das Wachhaus ursprünglich ein Fachwerkbau gewesen ist. Bereits im Mittelalter ersetzte man die Lehmgefache durch Bruchsteine und verstärkte gleich noch die Mauern.

Über einer Geländekante zum Rheintal erhebt sich der einst sieben Geschosse hohe Wohnturm. Dabei liegen drei Geschosse noch unterhalb des heutigen Bodenniveaus. An die Nordost-Wand lehnt sich ein kleines Haus aus dem 17./18. Jahrhundert an, das heute ein Restaurant und einige

Egal, wie bewegt die Geschichte der »Feindlichen Brüder« war – der Ausblick ins Rheintal blieb über die Jahrhunderte grandios.

Oben wacht die Marksburg über
Wohl und Wehe der Philippsburg in
Braubach. Viel blieb nicht erhalten,
doch das alte Fachwerk der ehemaligen Torgebäude lohnt den Besuch.

Aus dieser Perspektive sieht die
Martinsburg in Oberlahnstein noch
recht burgenhaft aus. Dominierend
ist der 28 Meter hohe Hauptturm,
der bei dem Umbau ein barockes
Mansarddach erhielt.

74

Fremdenzimmer beherbergt. Für das Gebäude wurde die Ringmauer »recycled« und dabei arbeitssparend zwischen die Zinnen die Fenster gesetzt. Ein schmaler Weg führt zum unteren Burghof an der Nordost-Ecke der Anlage. Er diente vor allem der Wasserversorgung der Burg, denn hier befanden sich zwei Zisternen.

Die Eisenbahn rast durch den Burghof

Die *Philippsburg* in der Schloßstraße zu *Braubach* leidet bereits seit 1861 unter dem modernen Verkehr. Nicht nur Lärm und Erschütterungen plagen die Bewohner, auch mußten Teile des Renaissance-Schlosses für die Bahntrasse abgerissen werden. Von 1571 bis 1584 residierte der Erbauer, Landgraf Philipp II. von Hessen-Rheinfels, in Braubach. Es war die

Zeit, in der Burgen militärisch kaum mehr auf den neuesten Stand zu bringen waren und der Wohnkomfort nicht mehr den Ansprüchen der feinen Gesellschaft genügte. So entstand unten im Tal eine dreiflügelige Schloßanlage – nach der Inschrift am Turm um 1561.

Bis 1602 diente die Philippsburg als Wohnsitz der Gemahlin Philipps, Anna Elisabeth. Nach ihrem Tod gelangte der Besitz an die schon von Rheinfels und Katz bekannten Streithähne: Hessen-Cassel, Hessen-Marburg und Hessen-Darmstadt. Seit 1823 befindet sich die Philippsburg in Privatbesitz. Erhalten blieben zwei Torgebäude mit Fachwerkgeschossen, der ehemalige Ostflügel sowie der Marstall. Wenn nicht gerade die Eisenbahn vorbeidonnert, bietet der Hof mit dem historischen Fachwerk eine schöne Atmosphäre.

Ideal für Eisenbahnreisende liegt die *Martinsburg* in der Nachbarschaft des Bahnhofs *Oberlahnstein*. Doch litt auch diese Burg unter dem Bau der Bahntrasse: Die Vorburg blieb dabei auf der Strecke.

Gegen Mitte des 13. Jahrhunderts ließ der Mainzer Erzbischof die Zollburg errichten, da die Konkurrenz aus Trier auf dem anderen Ufer ebenfalls mit dem Bau einer Zollburg, nämlich Stolzenfels, begonnen hatte. Nach rund hundert Jahren war die erste große Veränderung der ehemaligen Wasserburg nötig. Unter Erzbischof Gerlach von Nassau wurde ein gotischer Wohnturm an die Nordwest-Ecke der Anlage gesetzt. Vom Park auf der Rheinseite läßt er sich gut von den jüngeren Gebäuden unterscheiden. Er wird von zwei runden Türmen gerahmt, die beide ein achteckiges Obergeschoß tragen. Die ehemals kleine-

Um 1720 wurde die Martinsburg in ein barockes Schloß umgebaut; hier ein Blick in den Innenhof mit dem runden Treppenturm in der Ecke.

ren Fenster wurden bei den barocken Umbauten angeglichen und vergrößert.
Den unverputzten Bruchsteinturm könnte man für den ältesten Teil der Martinsburg halten. Aber er ist tatsächlich ein halbes Jahrhundert jünger als der schon bekannte Wohnturm. Zwischen 1390 und 1416 entstand der Bergfried mit einem Treppenturm auf der Westseite und einem Aborttturm an der Ostseite. Das vorkragende Obergeschoß mit der Wehrplatte ruht auf einem spitzbogigen Konsolenband. Untypisch für die Gotik ist das Mansarddach. Der Hauptturm erhielt beim barocken Umbau auch eine Modernisierung.
Ende des 14. Jahrhunderts wurde ein Gebäudeflügel an die nördliche Ringmauer gesetzt; rund 100 Jahre später folgte ein weiterer Trakt auf der Südseite des Hofes. Das spitzbogige Burgportal mit seinem Fallgatter und einem wappengeschmückten Gußerker stammt von 1395.

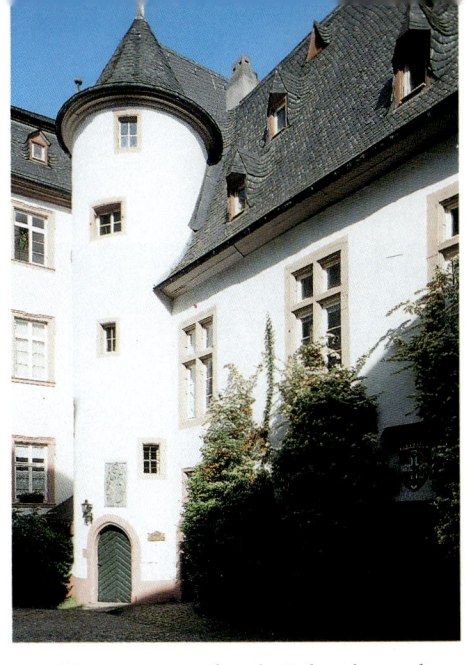

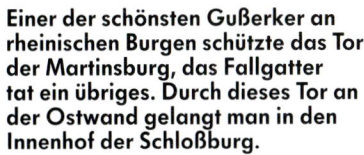

Einer der schönsten Gußerker an rheinischen Burgen schützte das Tor der Martinsburg, das Fallgatter tat ein übriges. Durch dieses Tor an der Ostwand gelangt man in den Innenhof der Schloßburg.

Unter Erzbischof Lothar Franz von Schönborn wurde die Martinsburg 1719/21 in ein barockes Schloß verwandelt. Die mittelalterlichen Gebäude auf der Rheinseite mußten einem dreigeschossigen Neubau mit dem aktuellen Mansarddach weichen.
Die Burg oberhalb von *Lahnstein* sollte das nördlichste Territorium der Mainzer Erzbischöfe sichern. In der Nachbarschaft befanden sich Gebiete der Kölner und Trierer Erzbischöfe; doch so kollegial war man als Landesherr auch wieder nicht, als daß man auf Grenzfestungen hätte verzichten können!

Burg Lahneck: erbaut im 13. und 15. Jahrhundert

1220 wurde Erzbischof Siegfried II. vom Stauferkönig Friedrich II. mit dem Silberbergwerk beim heutigen Friedrichssegen – wenige Kilometer lahnaufwärts – belehnt. Zwischen 1240 und 1245 ließ Siegfried III. die

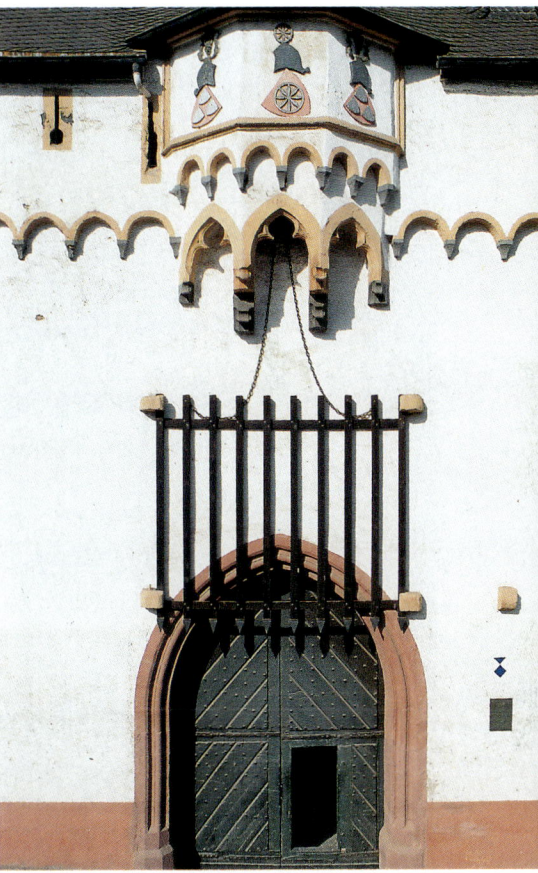

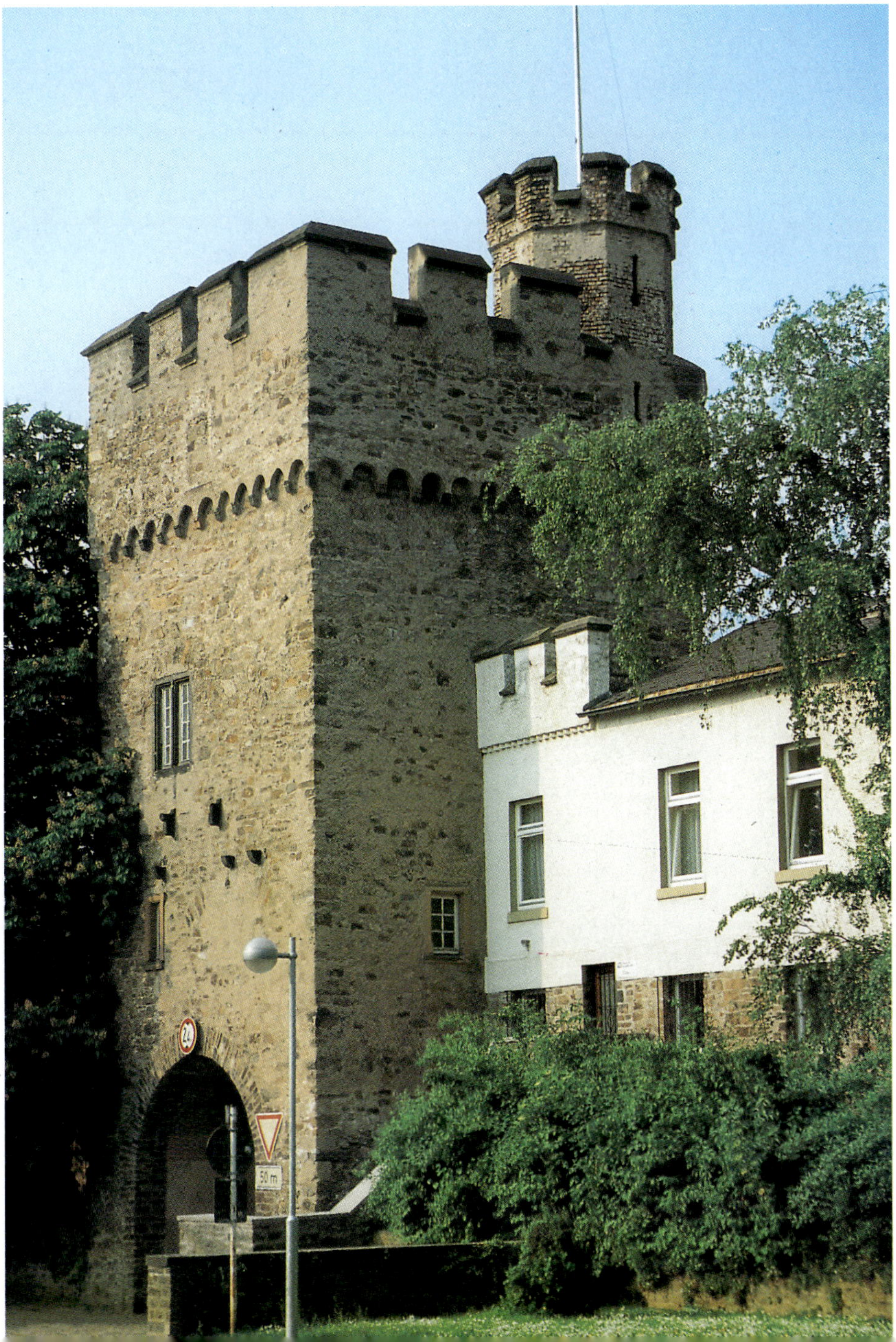

Die Gardinen zeigen es an: In der Martinsburg wurden vor einigen Jahren Wohnungen eingerichtet – auf eine Weise, die auch die Denkmalspfleger zufriedenstellte.

Wie eine Spielzeugburg sieht die
Lahneck mit ihren Zinnen, dem
Bergfried, Tor, Türmchen und Erkern
aus – und das verdankt sie dem
Wiederaufbau im 19. Jahrhundert.
Immerhin wird die Burg bewohnt.

Burg Lahneck auf dem ersten Hang an der Mündung der Lahn in den Rhein errichten. Der massive Komplex der Kernburg entstand in dieser Zeit, während die äußeren Befestigungsanlagen, wie Schildmauer und Halsgraben auf der Südseite, erst Mitte des 15. Jahrhunderts angefügt wurden.

Nach Süden war auch der Bergfried ausgerichtet. In diese Richtung zeigen die spitzwinklig zulaufenden Wände des fünfeckigen Turms. Durch ihre schräge Anordnung prallten die Geschosse von Feinden leichter ab. Die stärkste Bedrohung hatte die Burgbesatzung von Süden zu befürchten, da hier das Gelände nur noch wenig anstieg. Man nannte das Vorfeld bezeichnenderweise »Streitacker«. Symmetrisch verlief zu beiden Seiten des 30 Meter hohen Bergfrieds die innere Ringmauer mit runden Ecktürmen. Ursprünglich zog sich darauf ein Wehrgang entlang, der gleichzeitig auf der Höhe des zweiten Obergeschosses einen Zugang zum Bergfried bot.

Heute sieht man jedoch keinen frei in den Burghof ragenden Turm mehr, denn im 19. Jahrhundert wurde Burg Lahneck stark verändert. Bis zur Mitte jenes Jahrhunderts fristete sie nur ein trauriges Ruinendasein.

Hungertod einer Touristin auf dem Bergfried

Im Dreißigjährigen Krieg hatten kaiserliche Truppen die Burg besetzt und anschließend zerstört. 1662 verwüsteten trierische und würzburgische Soldaten den inzwischen unbewohnten Wehrbau. Das Trümmerfeld wurde 1688 noch von den Franzosen in Brand gesetzt. Geringe Teile der steinernen Befestigungsanlagen und die Grundmauern von Palas und Kapelle überstanden die Zerstörungswut.

1850 kaufte Direktor Morartry der Rechts-Rhein-Eisenbahngesellschaft die Ruine. Der miserable Zustand des Baus wurde einer jungen englischen Touristin zum Schicksal – ein Jahr bevor 1852 der Wiederaufbau startete. Mit einem Skizzenbuch bewaffnet, stieg Idilia Dubb auf den Bergfried,

um von dort die schöne Aussicht auf das Rhein- und Lahntal zu zeichnen. Zu ihrem Unglück stürzte die morsche Holztreppe hinter ihr zusammen. Sie hatte sich alleine auf die Burg gewagt, niemand konnte ihr wieder herunterhelfen. Ein Bauer soll ihr verzweifeltes Winken noch gesehen und mißverstanden haben. Er winkte nur zurück und überließ sie damit dem Hungertod.

Heute führt eine Straßenbrücke über die Lahn – einstmals schweifte der Blick von Burg Lahneck ungehindert auf das Einmündungsgebiet der Lahn in den Rhein.

Im Erdgeschoß des Bergfrieds kann man die Tragödie in alten Zeitungsausschnitten nachlesen. Nach diesem Unglück erhielt der Bergfried nicht nur eine stabile Treppe, sondern es wurden auf beiden Seiten Gebäude angebaut und einige Mauerdurchbrüche als neue Zugänge geschaffen, so auch die beiden Türen im unteren Bergfriedgeschoß, dem einstigen Verlies.

Ein Durchgang führt in die neu errichtete Burgküche, die um einen mittelalterlichen Brunnen herum gebaut wurde. Zu den ältesten Stücken der Sammlung von Küchengeräten gehört ein Spülstein aus dem 15. Jahrhundert. Als Material – Rohling – nutzte man gern Grabsteine, da sie oftmals schon das richtige Format für ein Spülbecken hatten und zum ande-

ren aus Gestein bestanden, das sich gut bearbeiten und aushöhlen ließ wie Kalk oder Sandstein.

Nach dem Wiederaufbau: einige Räume sind zugänglich

Der Wiederaufbau der Burg im 19. Jahrhundert diente vor allem dazu, neue Wohngebäude zu schaffen; so ist heute der größte Teil auch bewohnt.

Auf den Grundmauern des ehemaligen Palas wurde ein Gebäude errichtet, dessen Erdgeschoßräume besichtigt werden können. Die Burgherren der Neuzeit haben dafür historisches Mobiliar und Kunstwerke gesammelt. Im Rittersaal befinden sich mittelalterliche Waffen wie Lanzen, Hellebarden und Morgensterne. Die anschließenden Räume wurden dagegen im Stil des 17. und 18. Jahrhunderts ausgestattet, mit Seidentapeten, barokken Möbeln und einer Reihe von Ölgemälden. Darunter ist auch ein lebensgroßes Ölbild der jungen Königin Victoria von England, das Franz Xaver Winterthaler um 1840 malte. Eine Attraktion ist auch das dreigeschossige, vollständig eingerichtete Puppenhaus aus dem 19. Jahrhundert.

Daß Linz sich auch »bunte Stadt«
nennt, liegt an den vielen Fachwerkhäusern, wie etwa hier am Burgplatz
mit dem Rheintor zu sehen. Rechts:
Wappentragende Löwen auf dem
Gittertor von Schloß Neuwied.

Mit Schloß und Burg – beides freilich ruinös – wartet Bendorf-Sayn auf; Schlösser stehen auch in Engers und Neuwied; Hammerstein ist Ruine, Arenfels ein neugotisches Schloß; das Leubsdorfer Burghaus weist Fachwerk auf; Dattenberg schmückt sich mit einer historischen Villa; die Burg gehört zum bunten Städtchen Linz und die Ruine auf dem Drachenfels ist immer noch Ausflugsziel.

Ein einzigartiges Ensemble hat der Burgberg in *Bendorf-Sayn* zu bieten: auf der Höhe die Ruinen einer Burg, an seinem Fuß ein neugotisches Schloß, das seit 1981 von der fürstlichen Familie zügig rekonstruiert wird, und im Schloßpark – an die Tradition barocker Orangerien anknüpfend – Glaspavillons mit einheimischen wie exotischen Pflanzen und Schmetterlingen.

Wichtige Pionierarbeit leistete in dem zugewucherten Burggelände Rot-, Dam- und Muffelwild. Die Tiere fraßen das Unterholz frei und machten damit Ruinenteile der im 12. Jahrhundert errichteten *Burg* wieder sichtbar. Auch bei den maschinellen Aufräumarbeiten kam Unbekanntes und Unerwartetes ans Tageslicht. Größte Beachtung fanden in der Fachwelt die Relikte der einstigen Burgkapelle. Nicht nur durch das erhaltene Fußbodenmosaik aus verschiedenfarbigen Tonplatten im Chor, sondern auch durch Treppen- und Mauerreste, die vermuten lassen, daß es sich einst um eine Doppelkapelle handelte, wird deutlich, welchen Rang die Burg Sayn einst gehabt hat. Die Ähnlichkeit mit der berühmten Doppelkapelle in Bonn-Schwarzrheindorf ist frappierend. Zum Schutz der Mauern aus dem frühen 13. Jahrhundert errichtete man darüber ein Gebäude aus Holz und Glas, das die Form der romanischen Burgkapelle andeutet.

FORTSETZUNG RECHTSRHEINISCH BIS INS SIEBENGEBIRGE

80

Der untere Burghof, der einstige Turnierplatz, wird auf seiner Ostseite vom Bergfried und einer Ringmauer mit abschließendem Rundbogenfries auf Basaltsäulen abgeschlossen. Ein rekonstruierter Balkon zeigt, in welcher Höhe der Bergfried im Mittelalter nur zu betreten war. Der Wachturm steht schräg zur Angriffsseite. Vom östlich anschließenden Hang drohte nämlich die größte Gefahr, darum befanden sich hier auch der Halsgraben, durch den heute der Zufahrtsweg führt, eine vorgelagerte Mauer und zur Kernburg die verstärkte Schildmauer.

An die Rückseite der Mantelmauer schloß sich ein kleiner Palas an. Von ihm sind nur noch ein Gewölbekeller und die Wandaussparungen eines Kamins erhalten. Zwischen die Schildmauer und eine zweite, noch nicht identifizierte Wand wurde eine Burgschenke eingebaut. Im Gegensatz zu Neubauten auf Burgen im 19. Jahrhundert versuchte man nicht, Neues auf alt zu trimmen und als historisch scheinendes Prachtstück herauszustellen. Man fügte ein unverkennbar modernes, doch dezentes Gebäude in die alte Bausubstanz. Noch weniger ist zu vermuten, daß sich in den oberen Geschossen des Bergfrieds zwei komfortable Ferienwohnungen befinden. Die unteren Geschosse nimmt

Auf dem Sayner Burgberg herrscht auf etwa 260 Meter Länge eine verwirrende Vielfalt an Gebäuden und Ruinen; hier das sogenannte erste Tor der Burg.

das Turmuhren-Museum ein mit einer Sammlung, die mehr als 500 Jahre Zeitmeßtechnik dokumentiert. Mittelalterliche Geschichte soll einmal im rekonstruierten (im Zweiten Weltkrieg zerstörten) *Schloß* Sayn präsentiert werden. Wenn auch das Schloß als neugotische Residenz des 19. Jahrhunderts wieder entsteht, so hat ein Herrensitz dort Tradition seit dem Mittelalter. Von der Kernburg zogen sich, zum Teil in den Mauerverlauf eingebunden, weitere Wohnhäuser von Burgleuten hin, so den Herren von Stein aus Nassau, und – als Vorgängerbau des Schlosses – das Burghaus der Herren von Reiffenberg aus dem 15. Jahrhundert.

Mitte des 18. Jahrhunderts wurde es zu einem barocken Schloß umgebaut, rund hundert Jahre später vergrößert

zu einer neugotischen Anlage. Bei diesen Baumaßnahmen erhielt die Umgebung eine Neugestaltung. Der ehemals barocke Schloßpark wurde in einen englischen Landschaftsgarten verwandelt, und der Schloßturm, der ursprünglich zur Ortsbefestigung von Sayn gehörte, erhielt ebenfalls ein neugotisches Aussehen. Bei Wiederherstellungsarbeiten 1968 wurde er nicht wieder an das Schloß angepaßt, sondern steht mit seinem barocken Dach und der aufgesetzten Laterne etwas fremd neben dem Schloß.

Trierer Residenz am Rhein: Schloß Engers

Um 1371 gründete der Trierer Erzbischof Kuno die Burg Kunenstein-Engers. Die Bedeutung der Burg wuchs, als 1412 der Rheinzoll von Kapellen bei Stolzenfels hierhin verlegt wurde. 1758 ließ der Trierer Kurfürst Johann Philipp von Walderdorff die Burg abreißen und an ihre Stelle das Jagd- und Lustschloß *Engers* setzen. Wappen und vor allem der Kurhut über den Portalen verraten den kurfürstlichen Bauherrn.

Nach Plänen des Hofbaumeisters Johannes Seiz entstand der zweigeschossige Bau mit seinen 17 Fensterachsen und den beiden kurzen Seitenflügeln, die den Ehrenhof umrahmen. Das Innere des Schlosses wurde stark verändert, da es inzwischen als eine orthopädisch-chirurgische Klinik genutzt wird. In seiner Pracht blieb jedoch der ehemalige Festsaal mit Stuckarbeiten von Michael Eytel und Fresken des Hofmalers Januarius Zick erhalten.

Nach »modernstem französischen Gusto« entstand Schloß Neuwied

1694 hatten französische Soldaten das noch nicht einmal 50 Jahre alte Schloß des Grafen zu Wied in Brand gesteckt. 1706 übertrug der Sohn Friedrich Wilhelm dem nassau-weilburgischen Baudirektor Julius Ludwig Rothweil die Planung für eine dreiflügelige Anlage nach dem Vorbild Versailles'. Doch aus der ursprünglich vorgesehenen Hufeisenform des *Schlosses Neuwied* wurde nach längerer Pause ein Ensemble aus drei freistehenden Gebäuden. Im rechten Winkel zum Corps de Logis – dem repräsentativen Wohntrakt – stehen zwei Flügel, die Wirtschafts- und Lagerräume umfassen, wie Küche, Waschhaus, Kelterei oder den Marstall.

Zur Straßenseite schließt ein hohes schmiedeeisernes Gitter den Ehrenhof ab. Vor dem Schloßtor mit wappentragenden Löwen und den Initialen »A« und »C« des gräflichen Paares in der Mitte des 18. Jahrhunderts endet bereits die Besichtigung des bewohnten Schlosses.

Der Herrensitz der Vorgänger: Burg Altwied

Während des Mittelalters bot eine Höhenburg mehr Sicherheit, und darum errichteten die Vorfahren der Grafen zu Wied ihren ersten Herrensitz an den Ausläufern des Niederwesterwaldes. Ein Bergsporn, der auf drei Seiten von einer engen Schlinge der Wied umzogen wird, schien Meffried, Graf im Engersgau, zu Beginn des 12. Jahrhunderts ein geeigneter Standort. Vor 1129 wurde die Burg vollendet, und der Burgherr übernahm den Namen des Flüßchens.

Schon 1244 starben die Grafen von Wied im Hauptstamm aus. Wie aus der Geschichte anderer Burgen bekannt, fand sich Verwandtschaft, die nicht nur das Erbe, sondern auch den vom Aussterben bedrohten Namen weiterführte: 1244 gelangte beides an die Herren von Isenburg-Braunsberg und an diejenigen von Eppstein; 1642 wanderten Besitz und Namen an die Herren von Runkel.

Unten duckt sich der Ort Sayn, darüber erstreckt sich der Burgberg mit der langgezogenen Anlage, auf der in den letzten Jahren manche »Schätze« – wie etwa die Burgkapelle – wieder entdeckt wurden; links unten das Schloß.

Der Trierer Kurfürst ließ eine Burg abreißen, um im 18. Jahrhundert sein Jagd- und Lustschloß Engers – hier im Abendlicht – zu errichten.

Vom 12. bis 14. Jahrhundert erlebte die Burg Ausbau und Verbesserung der Befestigungsanlagen, vor allem nach Norden und Westen. Im 14. Jahrhundert wurde der Ort *Altwied* in einen großen Befestigungsring mit einbezogen, der heute noch erhalten ist. Die gemeinsame Mauer verdeutlicht, daß die Ortschaft nicht nur ihrem Herrn Abgaben zu leisten hatte, sondern daß sie genauso seinem Schutz unterstand.

Auf der Ostseite der langgestreckten *Burganlage* steht ein dreigeschossiger Wohnturm aus der ersten Hälfte des 13. Jahrhunderts, der die Aufgaben eines Bergfrieds, der Schildmauer und eines Wohngebäudes übernahm – »alles unter einem Dach«, wie wir es beispielsweise von Eltville oder Hattenheim kennen. Zur selben Zeit wie diesen multifunktionalen Turm errichtete man im Nordosten des Geländes ein ebenfalls dreigeschossiges Frauenhaus, das im Jahr 1677 erneuert wurde.

Die Burg besaß in jenen Jahren schon keine Bedeutung mehr, denn 1653 hatten die Grafen Altwied verlassen und Neuwied gegründet. Ein barockes Schloß als Herrensitz war nun gefragt, und die Stammburg im Wiedtal begann zu verfallen.

Hammerstein und der umstrittene Ehebund

Es kann der Frömmste nicht in Frieden leben, wenn's seinem bösen Nachbarn nicht gefällt. Dieses Sprichwort hatte schon im frühen 11. Jahrhundert seine Gültigkeit, und selbst Erzbischof und Papst konnten dabei als Bösewichte auftreten – so geschehen auf *Burg Hammerstein.*

Die Gemüter erhitzten sich an dem Ehebund zwischen dem Grafen Otto und seiner Cousine Irmingard. Mit der Zustimmung des Papstes war im Mittelalter eine Heirat unter Verwandten diesen Grades möglich, doch verweigerte der Heilige Vater dem Paar seinen Segen. Und warum? Der Mainzer Erzbischof, dem der Gaugraf in der Wetterau und im Engersgau ein unliebsamer Konkurrent war, versuchte auf diese hinterhältige Art, Graf Otto politisch auszuschalten.

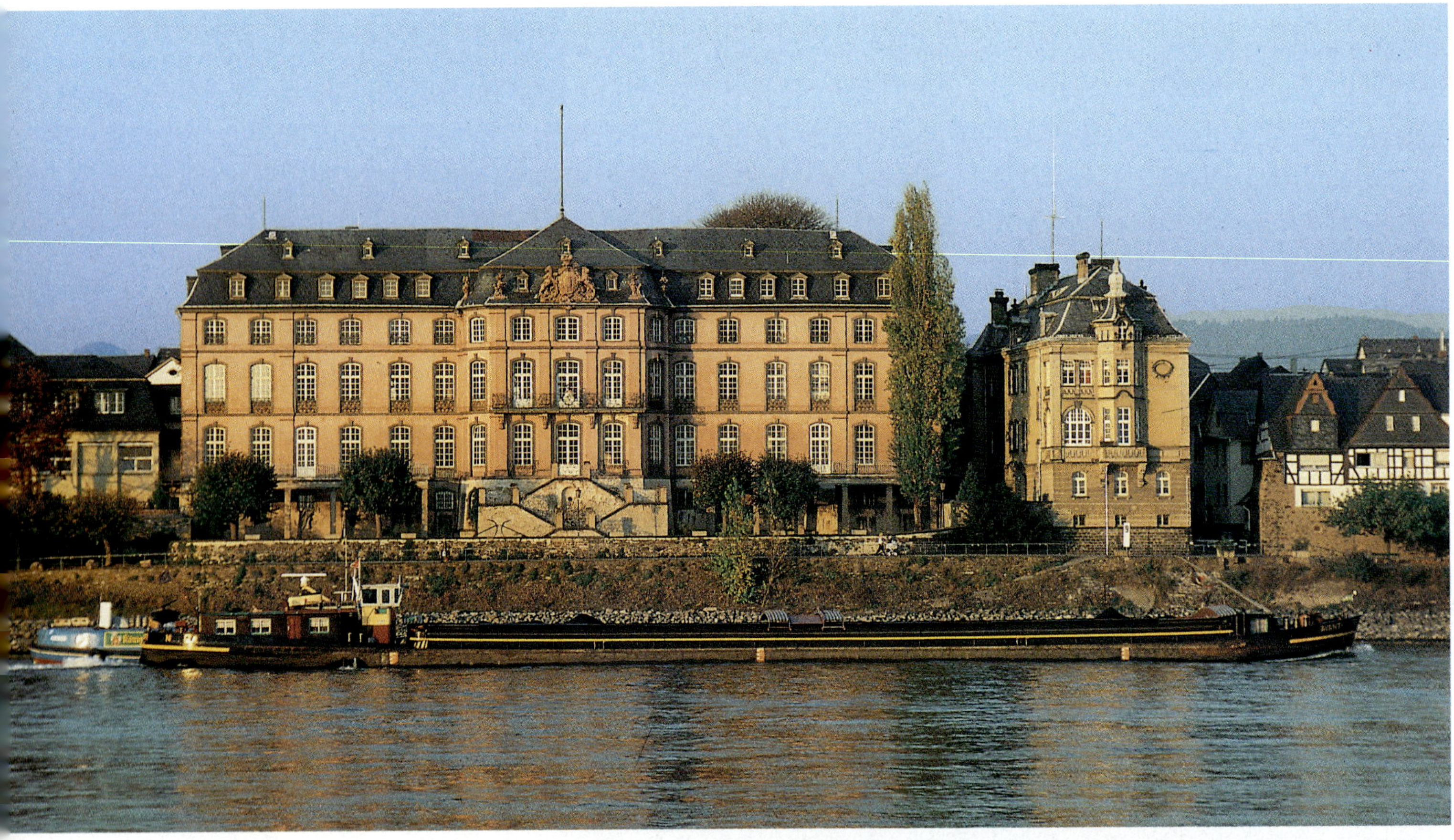

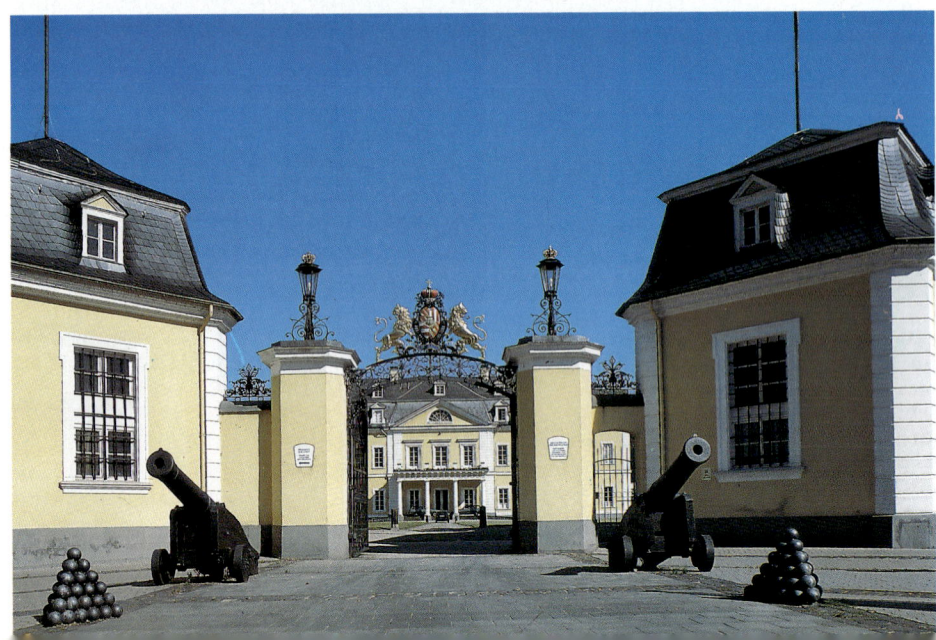

Eher verspielt wirken die beiden kleinen Kanonen und die sauber aufgeschichteten Kugeln – und tatsächlich war das barocke Schloß von Neuwied auch nie dazu gedacht, ein wehrhafter Bau zu sein.

Erzbischof Erchenbald von Mainz erreichte, daß 1020 auf der Synode von Nijmegen das Grafenpaar aus der Kirche verbannt wurde.

Der neue Kaiser lebte in einer ähnlichen Verbindung

Als Gegenmaßnahme startete Graf Otto einen Feldzug gegen mainzisches Gebiet. Das rief Kaiser Heinrich II. auf den Plan, der im Spätherbst des Jahres 1020 Burg Hammerstein belagerte. Nach drei Monaten mußte der Burgherr kapitulieren und die Burg räumen. Trotzdem setzte der neue Mainzer Erzbischof Aribo den «Rachefeldzug» seines Vorgängers Erchenbald mit soviel Eifer fort, daß er sich sogar eine Amtsenthebung durch den Papst einhandelte.

Das Interesse an dem Grafenpaar ließ 1024 schlagartig nach, denn der neue

Kaiser Konrad II. lebte selber in einer ähnlichen Beziehung. Außerdem hatten Papst und Kaiser genug davon, sich für die Intrigen der Mainzer Erzbischöfe einspannen zu lassen. 1031 konnten Otto und Irmingard sogar wieder nach Hammerstein zurückkehren. Doch 1034 starb ihr einziger Sohn, zwei Jahre später Graf Otto und 1043 Gräfin Irmingard.

Nach dem Aussterben des Grafengeschlechtes verfiel Burg Hammerstein rasch. 1071 ließ Kaiser Heinrich IV. sie wiederaufbauen und begründete mit dem von ihm eingesetzten Burggrafen ein neues Adelsgeschlecht. 1105 suchte der Kaiser auf Hammerstein Schutz vor seinem Sohn, der ihn vom Thron stoßen wollte. Mit den Reichsinsignien wie Krone und Zepter im Fluchtgepäck, konnte sich Heinrich IV. bis 1106 als Kaiser behaupten, doch dann mußte er abdanken. 1419

mit dem Tode Ludwigs von Hammerstein fiel der gesamte Lehnsbesitz an die Trierer Erzbischöfe. Nach dem Dreißigjährigen Krieg wurde die Burg nach 1654 geschleift; gut sichtbar vom Rheintal ist nur noch der Stumpf eines Windmühlenturmes.

Das »Jahresschloß« in den Weinbergen von Bad Hönningen

Aufmerksame Leute haben einmal nachgezählt: *Schloß Arenfels* besitzt 365 Fenster, 52 Türen und 12 Türme. Es bleibt einem jedoch erspart nachzuzählen, da die Anlage nicht zu besichtigen ist.

Nach Plänen des Kölner Dombaumeisters Karl Friedrich Zwirner wurde das Renaissance-Schloß (zweite Hälfte 16. Jahrhundert) zwischen 1849 und 1855 in ein neugotisches verwandelt. Es erhielt dabei seine malerische

Noch einmal ein Blick, diesmal aus der Nähe, auf das Schloß Engers. In dessen zweigeschossigem Festsaal befindet sich ein Deckengemälde von Januarius Zick; das einzige erhaltene Gemälde dieser Art von seiner Hand.

Rheinfront mit Treppengiebeln, aufgesetzten Türmchen und Zinnen. Im Kern des dreiflügeligen Gebäudes steckt noch mittelalterliches Mauerwerk, denn im 13. Jahrhundert errichteten die Herren von Isenburg hier eine erste Burg. Aus dieser spätromanischen Epoche stammen noch Teile des runden Bergfrieds. Bei den neugotischen Umbauten wurde er aufgestockt und erhielt ein völlig unpassendes, untypisches Turmdach. Es sieht aus, als hätte der Architekt auf seiner Dombaustelle in Köln noch ein Kirchentürmchen – eine Fiale – übrig gehabt und es dem Burgherrn »aufs Auge gedrückt«!

Im nördlichen Abschnitt des Mittelrheins häufen sich die Burgen und Herrensitze, die sich in Privatbesitz befinden und nicht zu besichtigen sind. Einige ehemalige Burgen sind beim besten Willen nicht mehr als solche zu erkennen, dafür nimmt die Zahl neugotischer Herrensitze des 19. Jahrhunderts zu.

Der Abstecher in die Ortsmitte von *Leubsdorf* lohnt sich ohne Zweifel, um die Burg der einstigen Herren von Zweifel zu sehen: das sogenannte *Burghaus* aus dem 15. Jahrhundert. Auf einem ungegliederten, dreigeschossigen Steinbau liegt eine malerische Dachzone mit vier polygonalen Ecktürmchen aus Fachwerk.

Aus der Vorburg wurde eine Villa: Burg Dattenberg

Vermutlich in der Mitte des 13. Jahrhunderts erbauten die Ritter von Dadenberg am Hang über dem Rhein die kleine *Burg Dattenberg*. Von ihr sind noch der rund elf Meter hohe Stumpf eines runden Bergfrieds erhalten und Reste der anschließenden Befestigungsmauern, die Südost-Ecke des einstigen Berings. Dazu gehören ein Schalenturm, also ein zum Burggelände offener Wehrturm, und der tiefer gelegene Teil eines ehemaligen Zwingers. Als Baumaterial wurde reichlich Basaltgestein verwendet. Die Burgherren hatten dabei keine Lieferschwierigkeiten zu befürchten, denn nur wenige hundert Meter entfernt befand sich ein Basaltsteinbruch, der wahrscheinlich schon im Mittelalter genutzt wurde.

1331 kam Dattenberg als Lehen an den Kölner Erzbischof, der wiederum Rolmann von Sinzig auf der Burg einsetzte. Ein neues Geschlecht derer von Dattenberg war damit begründet. Es ist nicht überliefert, wann Burg Dattenberg zerstört und aufgegeben

Ursprünglich war Schloß Arenfels eine Renaissance-Anlage, doch Mitte des 19. Jahrhunderts wurde sie nach den damaligen romantischen Vorstellungen »mittelalterlich« umgestaltet.

Burg Altwied, seit Ende des 17. Jahrhunderts in Verfall begriffen, stand nicht allein über dem Ort, vielmehr wurde er – wie heute noch zu erkennen ist – in die Befestigung einbezogen.

Sehr verwunschen wirkt der fahnengeschmückte Turm der Ruine Altwied, dessen wichtigster Bau einst der im 13. Jahrhundert errichtete Wohnturm gewesen war.

wurde. Ende des 19. Jahrhunderts besiedelte man den Platz wieder und errichtete auf dem Gelände der ehemaligen Vorburg eine Villa. Ein historisches Gebäude mit Türmen, Treppengiebeln und anderem neugotischen Bauschmuck entstand. Eine schöne Aussicht auf das Rheintal gehörte natürlich zu einem solchen Gebäude. Nach dem Zweiten Weltkrieg setzte man an das als Jugenderholungsheim genutzte Herrenhaus moderne Anbauten, die mit der mittelalterlichen Bausubstanz wenig harmonieren.

Die Erzbischöfliche Burg im bunten Städtchen Linz

Mitte des 14. Jahrhunderts ließ der Kölner Erzbischof die ihm gehörende Stadt *Linz* mit einer Befestigungsanlage sichern. In diesem Zusammenhang entstand in der Nordwest-Ecke

des Städtchens die Kurkölnische *Wasserburg*. Wie bei anderen Burgen in Flußnähe, so zum Beispiel in Andernach, Boppard oder Rüdesheim, leitete man Rheinwasser in die Schutzgräben. Daß diese Orte und Burgen manchmal unfreiwillig weit mehr Wasser erhielten als ihnen lieb war, zeigen alte Hochwassermarken an der Südwest-Ecke der Burg.

Aus der ältesten Bauphase um 1365 stammen der unten runde und oben achteckige Turm aus unverputztem Bruchsteinmauerwerk sowie der Torbogen im südlichen Gebäudetrakt. Im Kern der vierflügeligen Anlage steckt noch weitere mittelalterliche Bausubstanz, doch bestimmen Veränderungen des 18./19. Jahrhunderts heute das Aussehen der Burg.

Jüngeren Datums ist eine Ausstellung zur mittelalterlichen Gerichtsbarkeit und Strafpraxis im einstigen Burgverlies mit einer Folterkammer.

Sehenswert ist in Leubsdorf das sogenannte Burghaus, ein spätgotischer Bau mit vier Fachwerk-Ecktürmchen und einem barocken Fachwerkanbau.

Eigentlich gelten Siebengebirge und Drachenfels gar nicht als Schauplatz der Nibelungen, und der Name »Drachenfels« soll von seinem Vulkangestein, dem Trachyt, herstammen. Aber wen stört das schon? Seit dem frühen 19. Jahrhundert erfreut sich der sagenumwobene Berg größter Beliebtheit – was sich bis heute nicht geändert hat, denn die »Botterams-Tour« (der Ausflug mit dem Butterbrotpaket) gehört noch immer zur touristischen Früherziehung des rheinischen Nachwuchses.

Nur noch Ruinen von der Burg auf dem Drachenfels

Für den ersten Bauherrn auf dem *Drachenfels* gab es strategische Gründe, dort um 1140 eine *Burg* zu beginnen. Der Kölner Erzbischof Arnold I. wollte damit zum einen, im Verbund mit Burg Rolandseck, auf der linken Rheinseite einen Sperriegel aufbauen und zum anderen den wichtigen Verkehrsweg vom Rheintal in den Westerwald sichern. Sein Nachfolger, Gerhard von Are, Propst am Bonner Cassiusstift, vollendete 1167 die Burg. Seit 1176 bewohnte das Geschlecht der Drachenfelser Burggrafen, das im Wappen einen feuerspeienden Drachen führte, die Höhenburg. Oberster Herr am Drachenfels blieb jedoch bis zum traurigen Ende der Burg im Jahr 1634 der amtierende Kölner Erzbischof.

Heutzutage ist es schwierig, von der ehemaligen Burg eine Vorstellung zu bekommen, da das Gelände weitgehend vom Wald bedeckt ist. Überdies entnahm man hier im Mittelalter das Baumaterial für die vielen großen Kirchen, Münster und Dome des Rheinlands. So ist es kein Wunder, daß die westlichen Teile der Befestigungsanlagen, aber auch Gebäude der ehemals dicht bebauten Kernburg, im Laufe der Zeit »abgestürzt« sind.

Bedrohlich nah am Abgrund steht die heute gut verankerte und gesicherte Ruine des Bergfrieds aus der Mitte des 12. Jahrhunderts. Nördlich davon befindet sich, mit Resten der Vorburgmauer verbunden, der Stumpf eines

Zum Rhein eher wehrhaft gibt sich Linz' Burg: dramatisch droht das Fallgitter im Tor dem Eintretenden; hier befinden sich auch die Hochwassermarken, die an viele gefährliche Fluten erinnern.

Einladend wirkt der Hof der Kurkölnischen Burg zu Linz, die sich aus einer Wasserburg entwickelte und ihr heutiges Aussehen vor allem im 18. und teilweise im 19. Jahrhundert erhielt.

So ziemlich alle beliebten Architekturformen fanden Anwendung beim Bau der Drachenburg am Drachenfels, die sich 1879/84 ein gut betuchter Finanzmann errichten ließ.

Auch wenn er nichts mit der Nibelungensage zu tun hat – der Drachenfels mit der Burgruine und der Drachenburg auf halber Höhe ist unverändert ein beliebtes Ausflugsziel.

rechteckigen Turmes. Beim Anstieg durch den Wald sieht man je nach Jahreszeit mehr oder weniger von den einstigen Zwingermauern auf der Ostseite.

Viel lebendiger ist dagegen die Drachengeschichte am Berg über Königswinter, wenn auch der 13 Meter lange Drachen, ein Krokodilsaurier, glücklicherweise nur aus Stein ist. Mit seinem Moosbewuchs wirkt er jedoch schon wieder naturnah. Muntere Nachfahren des sagenhaften Ungeheuers leben im benachbarten Reptilienzoo.

Die Nibelungenhalle und Schloß Drachenburg

Gleich nebenan in der Nibelungenhalle (1911/13 als Gedenkstätte für Richard Wagner erbaut) wird mit einer Serie großer Jugendstil-Gemälde des Berliner Professors Hermann Hendrich geschildert, wie Siegfried vom Zwerg Mime zur Drachenhöhle geführt wird und anschließend dem Untier mit dem Schwert in der Hand entgegentritt. Daß der Held diesen Kampf gewinnt, weiß man, doch die anderen Geschichten der Nibelungen sind inzwischen vergessen.

Im späten 19. Jahrhundert war solches Wissen als Teil des Nationalstolzes weiter verbreitet, und ein reich gewordener Gastwirtssohn aus Bonn konnte es sich leisten, seine Residenz als ein »Walhalla rheinischer Kunst« am Drachenfels zu errichten.

Auch bei dem Finanzmann Stephan Sarter, der 1879/84 *Schloß Drachenburg* bauen ließ, stand Mittelalterliches hoch im Kurs. Der Architekt Wilhelm Hoffmann entwarf den Palast mit einer wilden Mischung neugotischer und neuromanischer Bauformen: Türme und Türmchen, Zinnen, Maßwerk, Säulen, Ziergiebel, goldene Hirsche, die ein Portal flankieren – an nichts wurde gespart. Auch bei der prunkvollen Innenausstattung ließ man es an nichts fehlen: Künstler der Münchener Akademie bemalten die Wände mit Historienbildern und Motiven aus der rheinischen Geschichts- und Sagenwelt.

Am Moselufer der Koblenzer Altstadt liegt die Kurfürstliche Stadtburg; ihr zu Füßen die Fluß-Kreuz-
fahrtschiffe. Rechts: Ein hübsches
Detail von Schloß Namedy ist diese
Tür.

Koblenz bietet die Kurfürstliche Burg, das Neue Schloß, die Philippsburg und Festung Ehrenbreitstein. Anschließend: Weißenthurm, Andernach, Namedy, Rheineck, die Schlößchen Sinzig und Marienfels sowie der Rolandsbogen.

Wie es sich für eine alte Stadt im Rheinland gehört, steht der älteste Herrensitz von *Koblenz* auf römischen Fundamenten. Der Trierer Erzbischof Heinrich von Vinstingen begann 1260 mit dem Bau einer Wasserburg in der Nordwest-Ecke der einstigen Römerstadt, wobei er Reste der antiken Stadtmauer am Moselufer weiterverwenden ließ. 1277 kaufte man einen benachbarten Herrensitz der Familie von der Arken auf und erweiterte damit die *Kurfürstliche Burg*.

Vom ehemaligen Graben der alten Burg ist auf der Ostseite noch eine Spur in der kleinen Grünanlage zu erkennen, durch die ein Zugang vom Moselufer in die Altstadt führt. Der östliche Turm zeigt noch mittelalterliche Bausubstanz, während die übrigen Teile im Stil der Renaissance und des Barock verändert wurden. Zwischen 1418 und 1430 entstand das achteckige Turmgeschoß mit den gotischen Maßwerkfenstern, das Erzbischof Otto von Ziegenhain als Burgkapelle errichten ließ. Aus dieser Bauphase stammt ebenfalls der ursprünglich frei stehende Westturm.

Mitte des 16. Jahrhunderts wurde die westliche Stadtseite des Burghauses modernisiert. Der Renaissance-Umbau läßt sich gut an der Fassade ablesen, denn die Ziergiebel über dem Portal, dem Kellereingang und den paarigen Fenstern zeigen typische Schmuckformen jener Zeit. Sehens-

VOM SCHÖNEN KOBLENZ RHEINABWÄRTS NACH ROLANDSECK

wert ist auch die 1557 fertiggestellte Wendeltreppe im anschließenden Treppenturm mit figürlichen Darstellungen aus Sandstein.

Unter Kurfürst Johann Hugo von Orsbeck (1676–1711) erhielten die Moselfront ihr barockes Aussehen und der westliche Teil einen Erweiterungsbau. Auf den gotischen Kapellenturm und den Westturm wurden barocke Dächer gesetzt: geschweifte Hauben mit bekrönender Laterne.

Zu einem ungünstigen Zeitpunkt erhielt der Kurfürst Clemens Wenzeslaus von Sachsen (1768–1802) den Trierer Bischofsstuhl. Er sollte der letzte Kirchenfürst sein vor der Säkularisation. Schon 1792 mußte er vor den französischen Revolutionstruppen fliehen. Sein *Kurfürstliches* oder *Neues Schloß* am Koblenzer Rheinufer, das im Zusammenhang mit einer Stadterweiterung geplant worden war und das erste klassizistische Schloß am Mittelrhein werden sollte, blieb unvollendet. Das Äußere des 39 Fensterachsen breiten Gebäudes mit zwei Seitenflügeln war zwar gerade fertig geworden, als der Kurfürst 1786 in das Schloß zog, die vorgesehene prunkvolle Innenausstattung konnte jedoch nur noch teilweise ausgeführt werden.

Koblenz: bewegte Geschichte des Neuen Schlosses

Ab 1794 überschlugen sich die Ereignisse, und die Residenz erlebte eine bewegte Geschichte: 1795 wurde sie französisches Militärlazarett, 1799 verkauften die Franzosen das gesamte Schloßmobiliar, nach deren Abzug richteten 1815 die Preußen eine Kaserne ein. Ab 1823 diente das Schloß als Gerichtsgebäude, von 1846 bis 1911 zum Teil als Verwaltungssitz der Rheinprovinz und vorübergehend als Residenz der preußischen Königsfamilie. Nach dem Ersten Weltkrieg wurde es erneut Behördensitz.

1944 brannte das Gebäude vollständig ab. Aus den Trümmern entstand zu Beginn der 50er Jahre wieder das alte frühklassizistische Schloß. Der langgestreckte Hauptbau mit einer mächtigen Säulenvorhalle in seiner Mitte

Unten: Das erste klassizistische Schloß am Mittelrhein sollte das Ende des 18. Jahrhunderts errichtete Neue Schloß in Koblenz werden, doch die Innenausstattung wurde nicht vollendet.

Oben: Ganz im Vordergrund markiert das Deutsche Eck den Zusammenfluß von Mosel und Rhein. Vor der ersten Moselbrücke, der Balduinbrücke, liegt Koblenz' Kurfürstliche Stadtburg.

An erfolgreiche Umbauten der Kurfürstlichen Stadtburg Mitte des 16. Jahrhunderts erinnert die Fensterzier im Stil der Renaissance.

wurde nach dem historischen Vorbild, die Seitenflügel vereinfacht – aber auf dem ursprünglich auch geschwungenen Grundriß – wiederaufgebaut.

Barocke Residenz auf dem rechten Rheinufer: Philippsburg

In den Jahren von 1629 bis 1632 ließ sich der Trierer Erzbischof Philipp Christoph von Soctern am Fuße des Ehrenbreitsteins, auf dem die Trierer bereits seit dem Mittelalter eine Burg besaßen, die *Philippsburg* erbauen. Mitte des 18. Jahrhunderts wurde aus der Burg ein barockes Schloß, von dem nach Sprengungen durch französische Truppen im Jahr 1801 nur noch einige Nebengebäude – Pagerie, Dikasterialgebäude, sogenannter Krummstall und Marstall – erhalten sind. Das Schloß stand ursprünglich nördlich davon.

Wenn auch die noch bestehenden Schloßbauten sehr unter der modernen Verkehrsführung leiden, sollte man die meisterlichen barocken Fassaden betrachten: Kein Geringerer als Balthasar Neumann hat die Pläne für das Dikasterialgebäude, den ehemaligen Sitz des kurfürstlichen Gerichts, entworfen. Das Giebelfeld des Mittelrisalites verrät die Nutzung des Prachtbaus: Löwen halten das Wappen des Erzbischofs, das von den Insignien und dem Kurhut gerahmt wird, und als krönender Abschluß thront Justitia über allem.

Bemerkenswert ist die Vielfalt der Fenster. Die aufwendigste Gestaltung findet man im Mittelrisalit, wo die Fassade fast nur noch aus Fensterflächen und farbig abgesetztem Bauschmuck besteht. Aber auch in den anschließenden Teilen unterscheiden sich die Formen von Geschoß zu Geschoß, wobei das Parterre einst offene Arkaden besaß.

Auch an dem spitzwinkligen Bau des ehemaligen Marstalls läßt sich an der 1762/63 geschaffenen Sandsteinplastik eines sich aufbäumenden Pferdes mit Knecht die ursprüngliche Funktion des Gebäudes ablesen.

Ehrenbreitstein, ein Musterbeispiel klassizistischer Festungsarchitektur

Die Anfänge eines Wehrbaus an der Stelle der heutigen *Festung Ehrenbreitstein* reichen ins 10. Jahrhundert zurück. Um das Jahr 1000 errichtete Erembert aus dem Geschlecht der Konradiner eine erste Burg, die er 18 Jahre später dem Trierer Erzbischof

Noch einmal die Kurfürstliche Stadtburg von der Landseite: Bemerkenswert ist der sechsseitige Treppenturm, der im Inneren eine kunstvolle Spindeltreppe von 1557 birgt.

Mit reichem bildhauerischen Schmuck wurde das Giebelfeld des Dikasterialgebäudes der Philippsburg ausgestattet: zwei Löwen halten das riesige kurfürstliche Wappen, über ihnen wacht Justitia.

Poppo verkaufte. 1139 wurde der Name »Ehrenbreitstein« erstmals urkundlich erwähnt.

Zwischen 1152 und 1169 erbaute Erzbischof Hillin auf der Spornspitze die Burg Helfenstein als zweite trierische Burg, die die ältere verstärken sollte, denn man hatte sein Territorium bis in den Westerwald hinein ausgedehnt. Die Trierer Erzbischöfe schätzten Ehrenbreitstein sehr als Residenz, manche verbrachten sogar ihre ganze Amtszeit dort.

An der Festung baute auch Balthasar Neumann

Zu Beginn des 16. Jahrhunderts wurde es nötig, die Burganlage der modernen Kriegstechnik anzupassen. Dem Kurfürsten gelang es, dafür einen der fähigsten Festungsbaumeister jener Zeit zu gewinnen: Maximilian Pasqualini. Unter Kaspar von der Leyen (1652–1676) und Hugo von Orsbeck (1676–1711) erlebte die Festung weitere Ausbauten. Ehrenbreit-

stein wurde noch bedeutender, da Erzbischof Hugo die Verwaltung des gesamten Kurstaates dorthin verlegte. Balthasar Neumann und sein Nachfolger, der Hofbaumeister Johannes Seiz, arbeiteten nicht nur an der barocken Residenz im Tal, sondern auch an den Festungsanlagen auf der Höhe.

Die französische Besetzung des Rheinlands brachte der barocken Festung Ehrenbreitstein das Ende. 1799 mußten die kurtrierischen Truppen – ausgehungert nach eineinhalbjähri-

ger Belagerung – Ehrenbreitstein aufgeben, und die Franzosen übernahmen das Terrain. 1801 verpflichteten sie sich im Frieden von Lunéville, das rechte Rheinufer zu räumen; doch jagten sie zuvor mit 30 000 Pfund Pulver die kurtrierische Festung und die Residenz zu ihren Füßen in die Luft. Eine neue Epoche und ein Wiederaufbau begann für die Festung im Jahr 1815, denn auch für den preußischen König war der Standort attraktiv. Friedrich Wilhelm III. ließ weitge-

Die Ehrenbreitstein thront über den erhaltenen und von Balthasar Neumann entworfenen Gebäuden der Philippsburg; rechts der Marstall mit dem ebenfalls aufwendig bekrönten Mittelrisaliten, links das Dikasterialgebäude.

Oben: Als alteingesessener Koblenzer guckt man schon gar nicht mehr hin, für Besucher ist der Blick von der jenseitigen Rheinpromenade auf die gewaltige Festung Ehrenbreitstein beeindruckend.

Mitte: Ihr heutiges Gesicht mit den mächtigen Befestigungen erhielt die Festung Ehrenbreitstein ab 1815, als sie nach schweren Zerstörungen im Stil des Klassizismus wiederaufgebaut wurde.

hend in den Ausmaßen der barocken Wehranlage die neue im Stil des Klassizismus errichten. Unter der Leitung des General von Aster und seines Nachfolgers General von Huene entstand bis 1832 der neue, bis heute erhaltene Ehrenbreitstein.

Kasematten, Bunker, Gräben: Heute besichtigen Besucher die Abwehranlagen

Von Norden kommend, durchwandert man die am besten geschützte Seite der Festung und kann die Folge der Abwehreinrichtungen gut kennenlernen. Zunächst führt der Weg in einen in sich – durch Feld- und Grabentor – geschlossenen Bereich. Ein Kaponniere schützt diesen ummauerten Bereich und den sich anschließenden zackenförmigen Hauptgraben. Parallel dazu verlaufen Kasematten, überwölbte und zusätzlich durch Erdaufschüttung gesicherte Bunker, aus denen sich die Festungsbesatzung geschützt verteidigen konnte. Tunnelgänge – Poternen – boten mit ihrem gekrümmten Verlauf weiteren Schutz. Ein zweiter Graben mit der Rhein- und der Landbastion sowie einer verbindenden Mauer in der Mitte, der Kurtine, bildeten den inneren Sperrriegel.

Durch das Kurtinentor tritt der Besucher auf den oberen Schloßhof. Von diesem Standort und Blickwinkel sehen die umgebenden Gebäude weniger abweisend aus. »Normale« Fensterfolgen, klassizistische Putzfassaden in hellem, warmen Ockerton mit rotem Sandstein abgesetzt, lassen den großen Platz freundlicher erscheinen als das düstere, beengende Festungswerk.

Auf der Ostseite zieht sich in zwei Stufen ein langer Gebäudetrakt hin: die Hohe Ostfront mit dem vorgesetzten, dreibogigen Wachtportikus und der Festungskirche sowie die Niedere Ostfront, in der sich heute eine Jugendherberge befindet. Im Süden ist der Festung das Fort Helfenstein vorgelagert, das mit seinem Namen auf die mittelalterliche Burg an dieser Stelle hinweist.

Das Schild zeigt es an: In einem Teil der Festung Ehrenbreitstein, der Niederen Ostfront, ist eine Jugendherberge untergebracht, in anderen Abschnitten das Bundesarchiv und das Landesmuseum.

Unschwer zu erraten, daß der mittelalterliche *Grenz- und Zollturm* dem Ort *Weißenthurm* seinen Namen gab. Der Trierer Erzbischof Kuno von Falkenstein ließ den Turm um 1370 als Straßenposten gleich neben der alten Landstraße errichten. Sein Nachfolger, Werner von Falkenstein, integrierte den grabengeschützten Turm in eine Landwehr. Mit einer solchen Grenzmarkierung und -befestigung, die aus Wall und Graben, aber auch dichten Wald- und Gebüschstreifen bestehen konnte, sicherte er sein Territorium vom Rhein nach Mayen in der Eifel gegen den Kölner Erzbischof, der in Andernach seine nächste Burg besaß, und die Grafen von Virneburg.

Ähnlich dem Bergfried einer Burg befindet sich der Eingang in diesen Wehrturm auch in geschützter Höhe des ersten Obergeschosses. Die Dachzone des verputzten Bruchsteinturmes wurde bei Restaurierungsarbeiten wesentlich verändert. Ursprünglich ragte der Zinnenkranz frei in den Himmel. Dahinter verlief ein Wehrgang, und dann erst begann ein weniger hoch ragendes Dach. Heute ruht der Dachfuß auf den Zinnen, deren Zwischenräume zu Fenstern umfunktioniert wurden. Auf diese Weise schuf man einen größeren nutzbaren Raum.

Begründetes Mißtrauen gegen die Andernacher Untertanen

Die Kölner Erzbischöfe hatten recht mit der Einschätzung der Andernacher Bürger, als sie ihre *Burg* um 1200 auch zur Stadtseite hin mit einem ungewöhnlich breiten Graben umgaben: Die Bürger von *Andernach* stürmten 1359 die Erzbischöfliche Burg in der Südost-Ecke der Stadt und zerstörten sie. Ihrem Drang nach Selbständigkeit war kein Erfolg beschieden, denn Erzbischof Engelbert ließ die Burg 1367 auf Kosten der Bürger wiederaufbauen. Ende des 15. Jahrhunderts wurden Veränderungen im Stil der Spätgotik vorgenommen.

Die beiden großen Bauphasen lassen sich gut an der Ruine ablesen. Von der

Bescheiden duckt sich ein Fachwerkhäuschen an den Weißen Turm, der dem Ort Weißenthurm den Namen gab. Zwischen den Zinnen des einstigen Wehrturms befinden sich heute Fenster.

älteren Bauperiode um 1370 ist der quadratische Bergfried erhalten – hauptsächlich aus Basaltblöcken gemauert. An den verwendeten Steinen lassen sich weitere Reste aus dem späten 14. Jahrhundert erkennen, wie der ehemalige Eingangsbereich neben dem Bergfried. Aber schon an seinem vorkragenden Obergeschoß mit den

schütze des Pulverturms waren nicht nur gegen äußere Feinde gerichtet, sondern, wie es an den Schießscharten auf der Westseite zu sehen ist, genauso gegen die »eigene« Stadt. Hier macht die Architektur deutlich, daß damals Ruhe die erste Bürgerpflicht war. Die Andernacher scheinen diese Anweisung befolgt zu haben, denn es

nen Erweiterungsflügel an, der dem Trakt auf der Nordwest-Seite sehr ähnlich war.
Ende des 19. Jahrhunderts wurde angebaut, die Gebäude um ein Geschoß erhöht und ihr Äußeres im Stil des Historismus verändert. Von dem ehemals üppigen Bauschmuck, wie Zier- und Fahnenstangen auf jedem Dach,

vier polygonalen Ecktürmchen fällt ein anderes Baumaterial auf: Bruchstein. Damit wurde im ausgehenden 15. Jahrhundert unter anderem auch der Palas erneuert. Seine Westwand, die von großen Fensteröffnungen durchbrochen wird, stößt an den 1519 fertiggestellten Pulverturm. Als einigendes Band verbindet ein durchgezogener Dreipaßfries sämtliche gotischen Ausbauten, wie man es von der Stadtseite am besten sieht.
Der massive Rundturm zeigt, daß auch im frühen 16. Jahrhundert der Kölner Erzbischof Hermann von Wied den Andernachern nicht über den Weg traute. Die Kanonen und anderen Ge-

waren französische Truppen, die im Jahr 1689 die Kurfürstliche Wasserburg sprengten.

Schloß Namedy – ein Ergebnis 700jähriger Bauaktivitäten

Von der mittelalterlichen Wasserburg des Andernacher Patriziergeschlechtes Husmann ist heute nichts mehr zu sehen, zumal *Schloß Namedy* in Privatbesitz und nicht zu besichtigen ist. Im 13. Jahrhundert errichtete der erste Burgherr ein zweigeschossiges Gebäude, dessen Talseite von Ecktürmen gerahmt wurde. Mitte des 16. Jahrhunderts fügte man im Südwesten ei-

neugotischen Dachgauben oder Ziergiebeln im Neorenaissance-Stil, ist das meiste wieder verschwunden; doch der Eckturm mit den neugotischen Maßwerkfriesen, seinem neubarocken Dach samt aufgesetzter Laterne und die vorkragenden Dacherker – mal verschiefert, verputzt oder aus Fachwerk – lassen die bunte Architekturmischung des Historismus erahnen.
Im frühen 12. Jahrhundert, also zur Zeit der Romanik, besaßen die Pfalzgrafen eine Burg an der Mündung des Vinxtbaches in den Rhein. Dieses Bächlein stellte schon seit römischen Zeiten eine wichtige Grenzlinie dar:

1689 sprengten die Franzosen die Burg der Kölner Erzbischöfe in Andernach. Immer mal wieder hatten sich die Bürger gegen ihre Obrigkeit zur Wehr gesetzt, doch stets wurde die Burg wiederaufgebaut.

die Grenze zwischen Ober- und Niedergermanien. Im Mittelalter stießen hier die Herrschaftsgebiete zweier bedeutender Kirchenherren aneinander, die der rivalisierenden Erzbischöfe von Köln und Trier. Kein Wunder, daß beide versuchten, sich über den Vinxtbach hinaus im anderen Erzbistum Stützpunkte zu verschaffen. 1164 hatte es der Kölner Erzbischof Rainald von Dassel geschafft. Doch mußte er die Burg wiederaufbauen lassen, da König Konrad III. sie 1151 nach Auseinandersetzungen mit den Pfalzgrafen erobert und zerstört hatte.

Burg Rheineck wurde in großer Eile errichtet

Als kurkölnischer Wehrbau entstand *Burg Rheineck* neu. Die Zeit muß dabei sehr gedrängt haben, denn das Buckelquaderwerk des Bergfrieds weist nicht fertigbearbeitete Blöcke auf. Auch hier läßt sich am unterschiedlichen Baumaterial ablesen, daß der obere Teil des Turmes später aufgemauert wurde. Aus der zweiten Hälfte des 12. Jahrhunderts ist noch ein Teil der Ringmauer erhalten, die die Anlage in der Form eines langgezogenen Achtecks umgab.

1689 wurde auch für Burg Rheineck zum Schicksalsjahr: Franzosen setzten sie in Brand. 1692 ebneten kurkölnische Truppen die Ruine ein, damit sich kein Feind mehr darin festsetzen konnte. In kleinerem Ausmaß wurde die Burg um 1718 erneut aufgebaut, doch schon im Jahr 1785 brannte sie ab.

1832 kaufte Professor Moritz August von Bethmann Hollweg, der spätere preußische Kultusminister, die Ruine. Glücklicherweise verfügte er als Angehöriger einer reichen Frankfurter Bankiersfamilie über die nötigen Mittel, aus den Trümmern wieder eine Burg werden zu lassen. Dafür engagierte er den Koblenzer Baudirektor Johann Claudius von Lassaulx. In den folgenden Jahren entstand Rheineck neu in den Formen der rheinischen Spätromanik, angelehnt an den Stil, der zur Zeit des späten 12. Jahrhunderts modern war.

Ab 1832 wurde Burg Rheineck von Professor Moritz August von Bethmann Hollweg, dem Großvater des späteren Reichskanzlers, wiederaufgebaut – wohl im Stil der ursprünglichen Burg, aber aufwendiger.

Auf den alten Grundmauern errichtete der Architekt einen dreiflügeligen Wohnbau mit angeschlossener Burgkapelle. Vermutlich besaß das historische Vorbild weniger reichen Bauschmuck als der neuzeitliche Gebäudekomplex. Aber hätte sich Professor Bethmann Hollweg bei seiner Position einen bescheideneren Bau leisten können? Die aufwendig verzierte Kapelle steht dennoch in der Tradition romanischer Torkapellen, als man sich nicht allein auf die Wehrhaftigkeit der Befestigungsanlagen verließ, sondern auch noch den himmlischen Schutz erbat. Die kleine Kirche steht am Zugang zum inneren Burgbereich.

Kaiser Ludwig der Bayer gab 1336 dem Markgrafen von Jülich die Erlaubnis, nördlich des befestigten Ortes *Sinzig* eine *Wasserburg* zu bauen. Mit dieser Aktion war der Streit zwischen den Jülichern und den Kölner Erzbischöfen, die hier ebenfalls Besitzansprüche anmeldeten, vorprogrammiert. Doch im Gegensatz zu Rheineck hatten die Kölner wenig Glück. Nach zahlreichen Besitzerwechseln durch Verpfändungen kam die Stadt Sinzig im 16. Jahrhundert endgültig in den Besitz der Herzöge von Jülich.

1689 von den Franzosen zerstört: Sinzigs Wasserburg

Die gotische Wasserburg wurde im Stil der Renaissance umgebaut. Die Brüder Pasqualini, die auch in Jülich als Architekten von Festungsbauten auftraten, planten den zweigeschossigen Bau mit seinen vier Ecktürmen. Auch dieses Wasserschloß fiel 1689 der französischen Zerstörungswut zum Opfer.

Schloß Namedy wurde Ende des 19. Jahrhunderts im historistischen Stil aus- und umgebaut; davon ist zwar das meiste wieder verschwunden, aber der Eckturm mit seinem Stilmischmasch zeugt noch davon.

Mitte des 19. Jahrhunderts kaufte der Kölner Geschäftsmann Bunge das Grundstück mit der Ruine. Er beauftragte den im Rheinland bestens bekannten Architekten Vincenz Statz, auf den historischen Grundmauern ein neues repräsentatives Wohngebäude zu errichten. Daraus wurde eine große Villa, ein neugotisches Schlößchen nach dem Vorbild englischer Landsitze. Nur an der Nordwest-Ecke entstand auf den Fundamenten des Renaissanceturmes wieder ein runder Turm.

Ein Schwager des neuen Hausherrn, der Maler Karl Andreae, gestaltete einige Räume mit Wand- und Deckengemälden. Der preußische Hofgartenarchitekt Peter Joseph Lenné hatte schon vor Baubeginn, um 1840, das ehemalige Schloßgelände in einen Park verwandelt. Die neugotische Villa ist heute teilweise zu besichtigen, da dort das Heimatmuseum eine Unterkunft gefunden hat.

Aus dem Architekturlexikon: Schloß Marienfels

Ein hervorragendes Zeitdokument für Burgenromantik im Rheintal in der Mitte des 19. Jahrhunderts steht knapp zwei Kilometer nordwestlich von Remagen: *Schloß Marienfels.* Der Entwurf stammt vom Kölner Dombaumeister Ernst Friedrich Zwirner, der dort 1842 mit der Vollendung der Kathedrale begonnen hatte. Während sich der Architekt am Dom auf neugotische Formen beschränken mußte, konnte er bei Marienfels aus vielen Kapiteln der Architekturgeschichte etwas liefern: Vom gotischen Burgenbau nahm er Zinnenkränze, Ecktürmchen und Bergfried – natürlich nur als Schmuckformen ohne ihren ursprünglichen Sinn. Der gotische Kirchenbau steuerte Spitzbogen- und Dreipaßfenster bei; vom mittelalterlichen Wohnhaus kommt der Treppengiebel. Antike Baukunst findet sich am Eingang im Portikus mit korinthischen Säulen wieder. Barockes prangt vom Balkon: Balustraden und frei stehende Skulpturen waren schon beim barocken Schloßbau sehr beliebt. Und

Seit dem 13. Jahrhundert gibt es Namedy, anfänglich als Wasserburg, später, vor allem im 16. Jahrhundert, immer wieder erweitert. Der Blick auf die Rückseite vermittelt noch etwas vom einstigen Glanz.

damit ist die Aufzählung des »Architektur-Eintopfes« keineswegs vollständig, doch wir wollen es genug sein lassen.

Denkmalpflege im vorigen Jahrhundert: der Rolandsbogen

Einen anderen Umgang mit mittelalterlicher Architektur, der nicht minder typisch für das 19. Jahrhundert war, zeigt der *Rolandsbogen*. Als in einer Winternacht des Jahres 1839 der letzte noch stehende Fensterbogen der Burgruine Rolandseck zusammenfiel, mobilisierte der Dichter Ferdinand Freiligrath mit einem Aufruf »Reicht Euch die Hände, ihn zu erhalten!« Ruinenliebhaber und Denkmalschützer. »Wie Fieberschütteln hat es mich gepackt; der Bogen fort, die Streben stehen nackt,« reimte er tief bewegt, und er hatte Erfolg. Der Kölner Dombaumeister Zwirner rekonstruierte den Rolandsbogen.

Doch warum wurde solch ein Wirbel um eine eingestürzte Fensterumrahmung gemacht? Natürlich rankt sich eine Sage um den Rolandsbogen. Sie erzählt die Geschichte vom Ritter Roland, einem Unglücksraben des Mittelalters. Nicht nur als nachbarschaft-

Der Rolandsbogen ist – um es klar zu sagen – nichts weiter als ein Fensterbogen der einstigen Burgruine Rolandseck; er wurde nach seinem Einsturz vom Kölner Dombaumeister Zwirner rekonstruiert.

Ernst Friedrich Zwirner baute auch das romantische Schloß Marienfels, an dem er das Architekturlexikon nahezu komplett ausprobierte: Antike, Romanik, Gotik, Barock und manch »Stil« mehr sind vertreten.

Aus der Wasserburg und dem Renaissance-Schloß in Sinzig wurde im 19. Jahrhundert ein neugotisches Schlößchen, in dem heute das Heimatmuseum seinen Sitz hat.

fels zurück. Der Ritter blieb allein auf seiner Burg und schaute Tag für Tag auf die Insel. Als die Geliebte starb, tönte das Sterbeglöckchen bis zur Burg Rolandseck, und der Unglückliche sank tot am Fenster zusammen. Im 19. Jahrhundert schwärmte man im Rheintal für schöne Aussichten, besonders, wenn sie mit gefühlvolltragischen Geschichten verbunden waren. Felsen und Ruinen standen hoch im Kurs. Zu einer der beliebtesten Aussichten entwickelte sich der Blick auf den Drachenfels samt Ruine und dem Rheintal mit den Inseln Nonnenwerth und Grafenwerth.

liche Hilfe unterstützte er den Burgherrn vom Drachenfels im Kampf gegen Eindringlinge. Der Ober-Bösewicht hatte es genau wie er auf das Burgfräulein abgesehen, allerdings mit dem Unterschied, daß die Jungfer Roland liebte und schon jahrelang, während er auf einem Kreuzzug war, auf ihn gewartet hatte. Im Kampfgetümmel auf der schlecht beleuchteten Burg Drachenfels tötete Roland versehentlich seinen Schwiegervater in spe. Aus lauter Gram zog sich die junge Frau in ein Kloster auf der Insel Nonnenwerth am Fuße des Drachen-

Diese »Seh-Sucht« im Zuge der Rheinromantik machte bekanntlich auch vor dem preußischen Königshaus nicht halt. 1855/56 ließ Friedrich Wilhelm IV. von Bonn aus seine private Bahnlinie bis nach *Rolandseck* führen, wo er in bester Lage zur schönen Aussicht einen Bahnhof mit Villencharakter errichten ließ. Auch heute noch ist der Bahnhof Rolandseck weit mehr als nur ein Haltepunkt der Eisenbahn: Zwar dient er nicht mehr als königliches Ferienhaus, doch werden die repräsentativen Räume für Kulturereignisse genutzt.

Aus dem kombinierten Bahnhof und Ferienhaus Rolandseck des Preußenkönigs Friedrich Wilhelm IV. (1856) wurde ein Kulturhaus mit Platz für Ausstellungen, Konzerte und Vernissagen.

Der Botanische Garten grenzt nun
an Bonns Poppelsdorfer Schloß, das
als Clemensruhe im 18. Jahrhundert
errichtet wurde. Rechts: Zwerch-
giebel der Kommende Ramersdorf.

Die Kommende in Muffendorf ist der Auftakt einer Bonn-Rundfahrt. Es folgen Godesburg, Friesdorfs Wohnturm, Kurfürstliches und Schloß Clemensruhe, danach die Kommende Ramersdorf und die Wasserburg Lede in Vilich.

Im Kontrast zu den kleinen Fachwerkhäusern an der Muffendorfer Hauptstraße steht unterhalb von Alt St. Martin die *ehemalige Kommende* des Deutschen Ritterordens. Die Ritter dieser Vereinigung kämpften mit dem Schwert für den christlichen Glauben, sei es um ihn zu verteidigen wie auf den Kreuzzügen ins Heilige Land oder um ihn im Osten Europas zu verbreiten. Als Stützpunkte und Verwaltungssitze besaßen sie im Stammland Kommenden. Verletzte und altersschwache Ritter wurden hier versorgt, Ländereien und Finanzen verwaltet.

Zu Beginn des 18. Jahrhunderts ließ Kurfürst Clemens August, der als Hochmeister des Deutschen Ordens Hausherr war, die Kommende in ein barockes Schlößchen umwandeln. Im 19. Jahrhundert wurde es im Stil der Neo-Renaissance verändert, doch dann wieder barock umgestaltet – so wie es sich nach Restaurierungsarbeiten in den 50er Jahren noch immer präsentiert. Seit 1953 residiert im Schloß der belgische Botschafter.

Es ist eine ausgesprochene Seltenheit, daß der Grundstein einer Burg erhalten blieb; derjenige der *Godesburg* befindet sich heute im Rheinischen Landesmuseum in Bonn. Die Burg wurde Anno Domini MCCX – im Jahre des Herrn 1210 – vom Kölner Erzbischof Dietrich gegründet. Doch besaßen schon die Römer im 3. Jahrhundert auf dem Basaltkegel eine

DIE BONNER SCHLÖSSER »BESETZTE« DIE UNIVERSITÄT

1960 erhielt die Ruine der Godesburg einen Betonkragen, in dem Räume für Gastlichkeiten sowie zum Übernachten untergebracht sind. So genießt man aus dem großen Fenstern einen herrlichen Weitblick.

Wachstation, von der aus die Limesstraße und die Einmündung einer anderen Straße aus dem Drachenfelser Ländchen kontrolliert werden konnte. Römisches Baumaterial nutzte man im Mittelalter wieder für die Godesburg.

Von der alten Godesburg ist noch einiges zu erkennen

Unter Dietrich von Köln entstand zunächst die annähernd ovale Anlage, deren Ringmauer größtenteils noch erhalten ist. Sein Nachfolger, Konrad von Hochstaden, ließ um 1244 den runden, fünfgeschossigen Bergfried errichten. Die Kragsteine, die heute etwas oberhalb der Mitte den Turm umgeben, trugen einst den Wehrgang. Unter Erzbischof Walram von Jülich wurden im 14. Jahrhundert drei weitere Geschosse auf den runden Wehrbau gesetzt, der mit seinem Spitzdach 45 Meter erreichte und weithin als Landmarke zu sehen war.

Um den länglichen Burghof, in dessen Mitte der Bergfried steht, befindet sich ein Kranz von Gebäuden, die an die Ringmauer stoßen. Den nördlichen Bogen bilden Palas – gleich neben dem Torbau –, Sylvesterkapelle und Kammerbau mit Treppenturm.

Auf der Südseite umgeben Wirtschaftsbauten den Innenhof.

Im 14. Jahrhundert verbesserten die Burgherren auch die Befestigungsanlagen. Zu Beginn des Jahrhunderts ließ Heinrich von Virneburg den Bering durch einen Zwinger und eine zweite Mauer verstärken. Unter Erzbischof Walram (1332–1349) entstand die ausgedehnte Vorburg, die eine noch größere Fläche als die Kernburg einnahm. Dabei wurde auch die ältere Michaelskapelle, die während der ersten Bauarbeiten auf dem Godesberg errichtet wurde, in den geschützten Bereich einbezogen.

Am 17. Dezember 1583 wurde die Godesburg zerstört; sie blieb Ruine und diente als Steinbruch. Zum 750jährigen Burgjubiläum 1960 wurde in der Ruine unter der Leitung des Architekten Gottfried Böhm ein Neubau – ein »Betonkräjelchen« – errichtet, der mit Hotel, Festsaal und Restaurantbetrieb der Burg neue Nutzungsmöglichkeiten gibt.

In Friesdorf noch ein romanischer Wohnturm

»Annaberger Straße 214« würden heute Ritter von Friesdorf als ihre Adresse angeben. Von 1139 bis 1328 werden die Ritter urkundlich genannt, danach verschwinden sie im Dunkel der Geschichte. Nur das *Turmhaus* erscheint als ein Lehen der Abtei Siegburg in den historischen Dokumenten.

Der romanische Wohnturm in *Friesdorf* zeigt die typische Bauweise der Wehrarchitektur jener Zeit: Als härtestes Material standen Basaltsäulen zur Verfügung, die, in Quader zerschlagen, den Sockel bilden. Die oberen Partien des dreigeschossigen Baus wurden aus Bruchsteinen aufgemauert. Aus dem 18. Jahrhundert stammt der Torbogen; doch wurden Haus und Mauer umfassend restauriert.

Bonn: von der Residenz zum Sitz der Wissenschaften

Das *Kurfürstliche Schloß* zu *Bonn* beherbergt seit 1818 die Rheinische Friedrich-Wilhelms-Universität. Bei den heutigen Studentenzahlen reicht selbst die ausgedehnte Barockanlage nur noch für einige Institute und die Universitätsverwaltung. Ursprünglich

In dem Schloß der Kommende Muffendorf – hier Wachhäuschen und Gittertor – residiert seit Jahrzehnten der belgische Botschafter, doch davor diente es u. a. Kurfürst Clemens August.

Schwere Zerstörungen erlitt das romanische Turmhaus in Bonn-Friesdorf, das jedoch nach dem Zweiten Weltkrieg umfassend restauriert wurde.

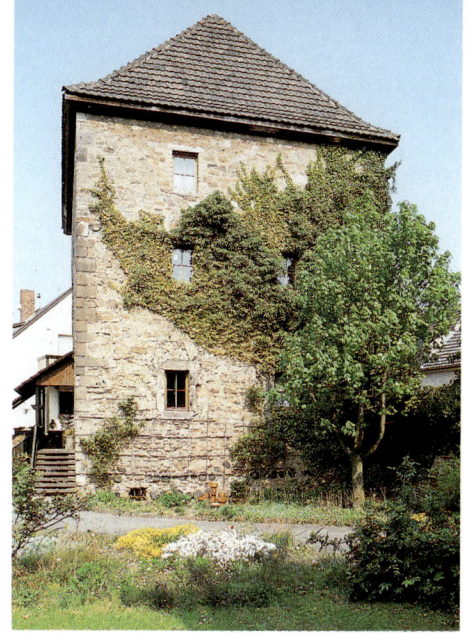

machte das Schloß den größten Teil der südlichen Stadtgrenze aus.
Ausgangspunkt des Schlosses war die im 13. Jahrhundert angelegte Erzbischöfliche Burg. 1689 zerstörten französische Truppen dieses Bauwerk. Sein West- und Nordtrakt ließ sich für den Neubau um die Wende zum 18. Jahrhundert weiterverwenden. Unter Kurfürst Josef Clemens entstand von 1697 bis 1703 eine geschlossene, vierflügelige Anlage.
Doch schon bald hielt der Schloßherr seinen wehrhaften Palast für überholt und begann mit den Plänen für ein Rokoko-Schloß nach französischem Vorbild. Gemeinsam entwarfen Kurfürst Josef Clemens und sein Architekt Robert de Cotte die Erweiterungsbauten auf der Südseite. An den vierflügeligen Hauptbau wurden zwei Seitenflügel angefügt, die hufeisenförmig den »dringend notwendigen« Schloßgarten umgaben. Ein Gartenparterre mit ornamental gestalteten Blumenbeeten, die von niedrigem Buchs gerahmt wurden, gehörte nun zum Schloß.

Über den Hofgarten freier Blick zum Siebengebirge

Auf eine schöne Aussicht legte man in jenen Jahren ebenfalls Wert, und so entstand der Hofgarten, dessen mittlere Rasenfläche den Blick auf das Siebengebirge freigab – gerahmt von den noch existierenden doppelten Alleen.
Der Rokoko-Ausbau von 1715 bis 1723 blieb nicht lange bestehen, denn 1777 brannte das Hauptgebäude ab. Der lange Galerieflügel, der sich zum Rhein hin ausdehnte, wurde weniger in Mitleidenschaft gezogen. In seinem Verlauf folgte er der mittelalterlichen Stadtmauer und schnitt zwei alte Wege. Doch darauf nahmen die Baumeister des 18. Jahrhunderts Rücksicht; sie errichteten zwei Durchfahrten durch das Schloßgebäude: zum einen das schlichte Stockentor und weiter östlich das repräsentative Koblenzer Tor. Seine prunkvolle Fassade befindet sich stadtauswärts auf der Südseite, bekrönt von einer Figur des hl. Michaels. Ursprünglich besaß der Michaelsorden Räume in dem Torbau.
Im Zweiten Weltkrieg wurde das Kurfürstliche Schloß wieder schwer beschädigt. Der Wiederaufbau dauerte bis 1967.

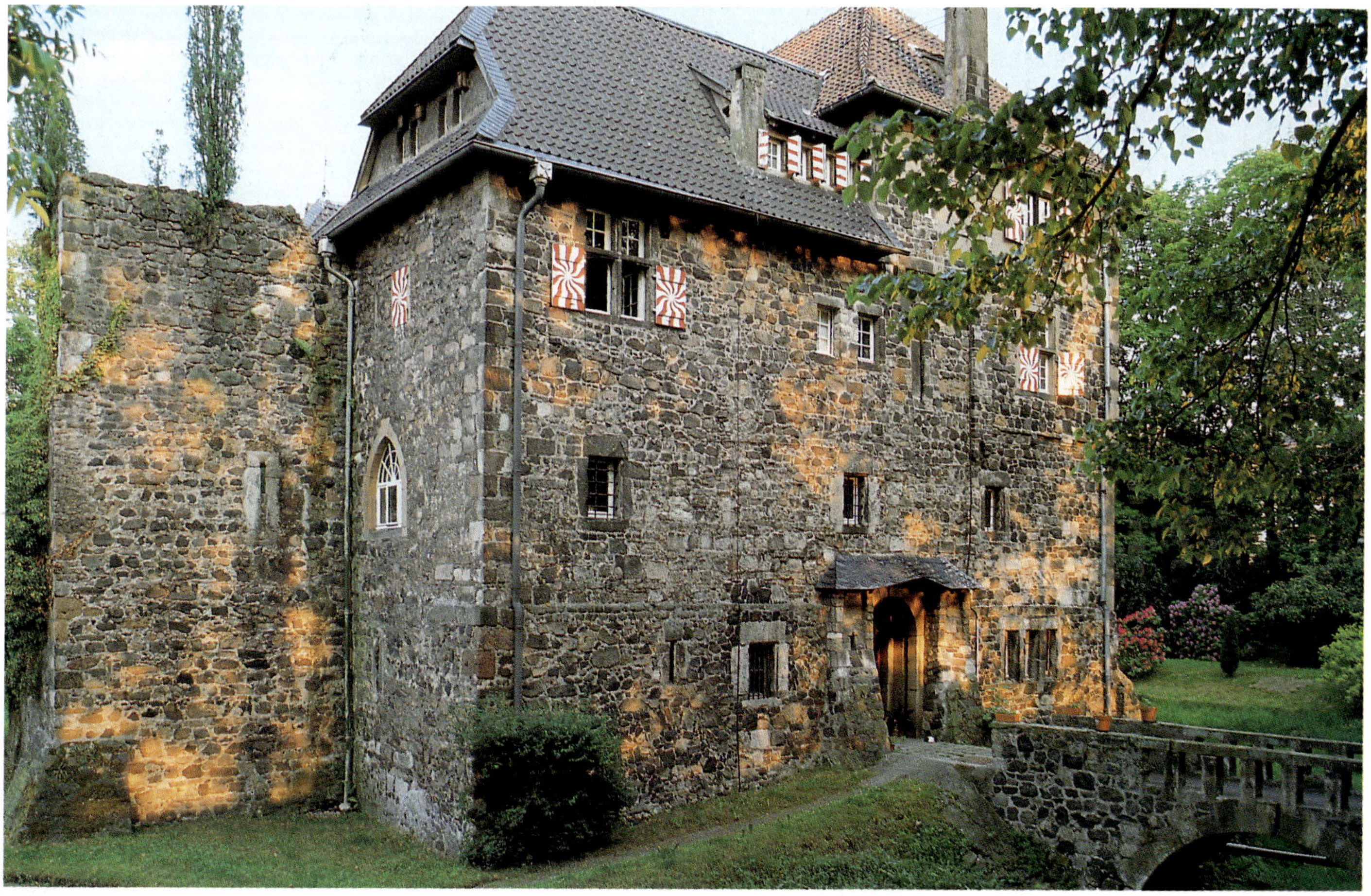

Auch eine ehemalige Wasserburg gibt es auf Bonner Gebiet: die Burg Lede in Beuel-Vilich, die im 14. Jahrhundert zu einer gotischen Anlage erweitert worden war.

Auf der Hofgartenwiese vor dem
Kurfürstlichen Schloß zu Bonn finden
Studenten Platz zum Ausruhen
zwischen zwei Seminaren: Seit 1818
beherbergt das Schloß die Rheinische Friedrich-Wilhelms-Universität.

104 Einen beachtlichen Baueifer legten die Kurfürsten während der ersten Hälfte des 18. Jahrhunderts an den Tag: Im 15 Kilometer entfernten Brühl entstanden Schloß Augustusburg und das Jagdschloß Falkenlust; die Bonner Residenz wurde erweitert, und trotzdem fehlte den Herren noch ein *Schlößchen* in *Poppelsdorf.*

Wie bei der Residenz gab es schon ei-

Poppelsdorf. Dem Kurfürsten ging es nicht nur darum, sein Gartenschloß *Clemensruhe* zu vollenden, sondern seine beiden Bonner Schlösser durch eine Prachtallee miteinander zu verbinden. Der Kurfürst hatte eigens den westlichen Teil der Residenz mit einem weiteren Flügel versehen lassen, um einen passenden Raum als Ausgangspunkt der Blickachse Poppels-

Schlösser noch immer zu einer Einheit und einer repräsentativen Achse zusammen.

Seit 1818 wird Clemensruhe ebenfalls als Universitätsgebäude genutzt. In das einstige Gartenschloß mit seinen Parkanlagen legte man das Botanische Institut.

Nach schweren Schäden im Zweiten Weltkrieg mußte Schloß Clemensru-

nen mittelalterlichen Vorgängerbau, eine vierflügelige Wasserburg, die jedoch 1657 nach Zerstörungen im Truchseßschen Krieg abgerissen wurde. Kurfürst Josef Clemens wünschte sich an dieser Stelle ein Lustschloß, das von 1715 bis 1723 nach Plänen Robert de Cottes und Guillaume Hauberats entstand. Mit dem Tode des Kurfürsten stockten die Bauarbeiten.

dorfer Allee zu erhalten. Als Blickpunkt in der Ferne diente das Schlößchen Clemensruhe – wiederum gerahmt von einer Allee.

Heute stört zwar die Eisenbahnlinie diesen Sehgenuß, doch die Poppelsdorfer Allee mit ihren Kastanienreihen und dem Rasen, der eigentlich ein Kanal werden sollte, faßt die beiden

he zu einem großen Teil wieder neu aufgebaut werden. Heute erstrahlt das barocke Schloß wieder im alten Glanz und ist ein schönes Beispiel für die Kombination einer geschlossenen Vierflügelanlage mit einem runden Innenhof.

Auf dem rechtsrheinischen Stadtgebiet hat Bonn ebenfalls eine ehemali-

Kurfürstliches Lustschloß Clemensruhe in Poppelsdorf

Sein Nachfolger Clemens August ließ 1744 die Arbeit wieder aufnehmen und engagierte Balthasar Neumann, der gleichzeitig auf der Baustelle in Brühl wirkte und dort das berühmte Treppenhaus schuf, für den Ausbau in

Von dem ursprünglichen Bau der
Kommende in Bonn-Ramersdorf
blieb nur ein Tor erhalten, ansonsten
wurde die Anlage ab 1885 umgebaut
– im damals beliebten historisierenden Stil.

ge *Deutschordenskommende* zu bieten. Diejenige in *Ramersdorf* stammt aus dem frühen 13. Jahrhundert und war der Kommende in Muffendorf bis 1371 übergeordnet. Von der mittelalterlichen Ordensburg ist nur noch ein spätromanisches Eingangstor mit zwei Durchlässen – einem großen für Fuhrwerke und einem kleinen für Fußgänger – erhalten.

Um 1885 setzte man um das mittelalterliche Tor und auf historische Fundamente einen großen Schloßneubau, ähnlich den »romantischen«, historisierenden Bauwerken des Marienfelses oder der Drachenburg, die ebenfalls von Wilhelm Hoffmann entworfen wurde.

Auch in Ramersdorf wurde an nichts gespart; ein wildes Sammelsurium aus verschiedenen Stilen der Wehr-, Kirchen- und Repräsentationsarchitektur war die Folge. Dem ehemaligen Schloßherrn ist jedenfalls gelungen zu zeigen, wieviel Geld er hatte – doch Geschmack?

Die Wasserburg Lede in Beuel-Vilich

Seit dem frühen Mittelalter gehörte *Vilich* zum kurkölnischen Gebiet. Nordöstlich der Stiftskirche der hl. Adelheid residierten Ministerialen – Dienstleute des Kölner Erzbischofs – auf *Burg Lede*. Das Gelände in dem sich bereits sehr stark weitenden Rheintal erforderte hier den Bau einer Wasserburg.

Die Herren von Vilich errichteten zunächst einen romanischen Wohnturm. Im 14. Jahrhundert wurde der Wehrbau zu einer mehrflügeligen, gotischen Burg erweitert. Als Verwaltungssitz des Kölner Erzbischofs hatte Burg Lede auch unter den Auseinandersetzungen im Truchseßschen Krieg zu leiden.

Durch die Backsteinarchitektur wird deutlich, daß wir nun das Mittelrheingebiet mit den typischen Baumaterialien Bruchstein und Basaltquader verlassen. Es heißt Abschied nehmen, denn auch mit der dichten Folge von Burgen und Schlössern im Rheintal hat es nun ein Ende.

Eine der Durchfahrten des Bonner Schlosses ist das prunkvolle Michaelstor, auch Koblenzer Tor genannt. Die herrliche barocke Fassade wird von einer vergoldeten Figur des hl. Michael gekrönt.

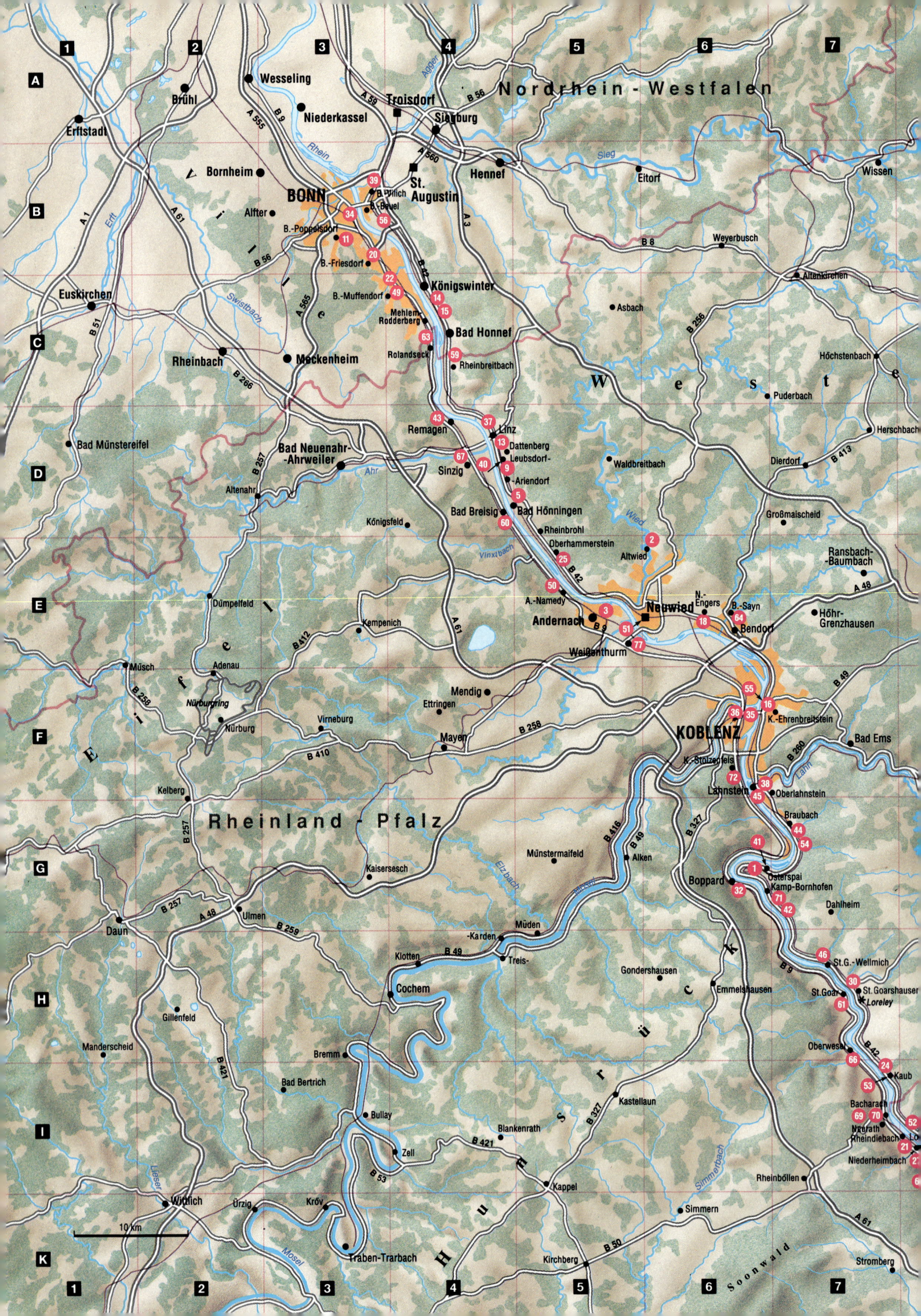

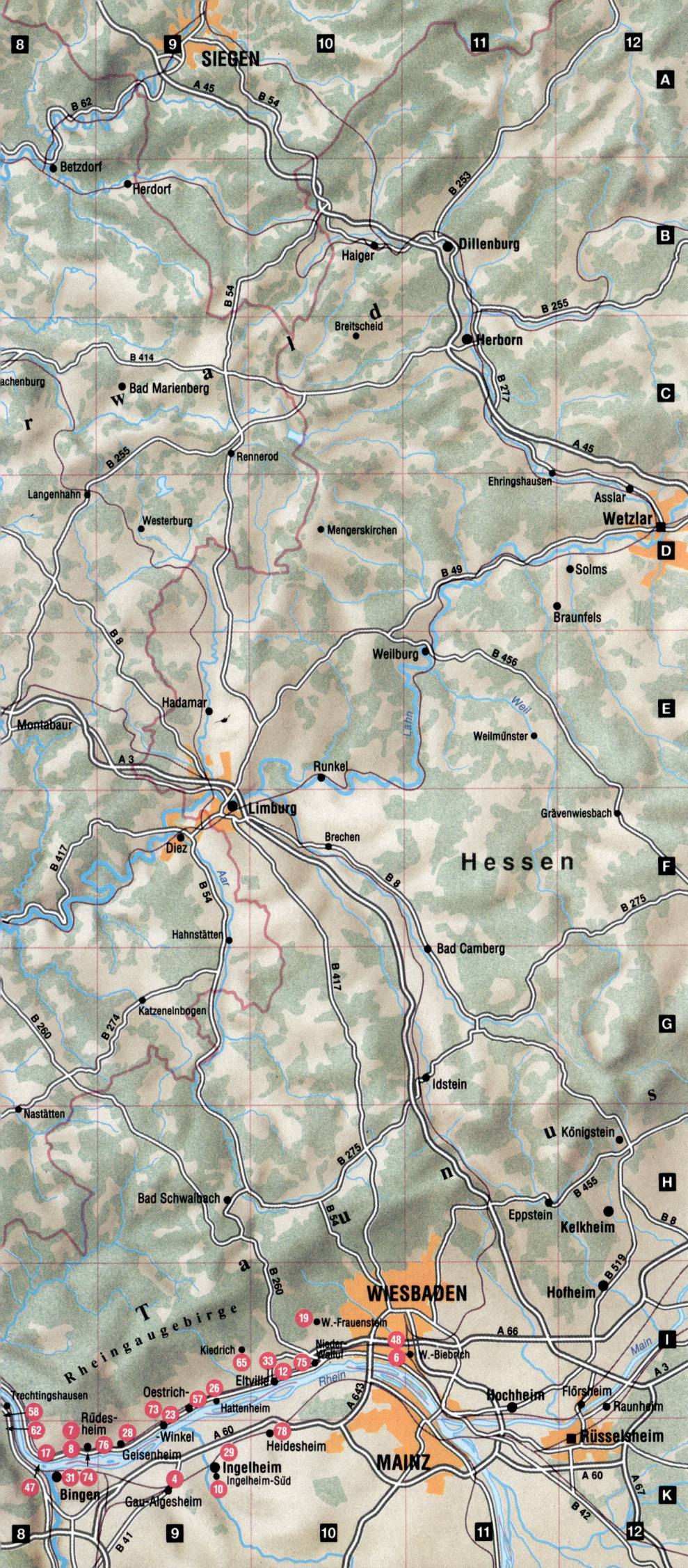

Karte und Übersicht der 78 Burgen und Schlösser

Der Mittelrhein – weltweit als das romantische Rheintal bekannt – bietet auf ungefähr 150 Kilometer Länge eine vollständige Sammlung von Burgen und anderen Formen der Wehrarchitektur. Manches kann nur aus der Entfernung betrachtet werden, doch viele historische Gebäude sind zu besichtigen. Dabei sollte man nicht über die Höhe der Eintrittspreise schimpfen, denn die Sicherung und Instandhaltung der Burgen verschlingen enorme Summen. Wer mehr für den Schutz dieser Denkmäler tun möchte, kann durch eine Mitgliedschaft in der Deutschen Burgenvereinigung e.V. (mit Sitz auf der Marksburg) die Arbeiten unterstützen. Einen kleinen Beitrag dazu kann schon jeder einzelne Burgenbesucher leisten, indem er vorsichtig und vernünftig mit den historischen Schätzen umgeht.

In die Karte eingetragen sind Name und Nummer jeder Burg. Diese Angaben finden sich in der nachfolgenden, alphabetisch sortierten Dokumentation wieder, in der die Burgen und Schlösser noch einmal kurz vorgestellt und ggf. die Öffnungszeiten genannt werden; wenn nichts anderes vermerkt ist, sind die Gebäude nicht für Besucher zugänglich. In der Zeile „Seiten" wird auf die Beschreibung in den einzelnen Kapiteln sowie durch **fette** Ziffern auf Abbildungen hingewiesen. Die **fette** Buchstabe-Zahl-Kombination nach Namen und Kreisziffer (etwa Alte Burg, Osterspai ① **G 6**) dient dem Auffinden der Burg im Suchgitter nebenstehender Übersichtskarte.

Bescheiden schmiegt sich ein Anbau an den gotischen Wohnturm der Alten Burg des rechtsrheinischen Ortes Osterspai unweit von Braubach.

108

Alte Burg, Osterspai ①   **G 6**
Gotischer Wohnturm mit Fachwerkanbauten des 20. Jh. am Rheinufer, an der B 42. Privatbesitz, keine Besichtigung.

Altwied, Burg, Altwied ②   **E 6**
Höhenburg über dem Ort Altwied, Anfang des 12. Jh. errichtet; Ruine, erhaltene Bauteile erste Hälfte 13. Jh.
Seiten 81, 82, **85**

Andernacher Stadtburg,
Andernach ③   **E 5**
Ehemalige Wasserburg der Kölner Erzbischöfe in der Südost-Ecke der Altstadt; Ruine, Bergfried 14. Jh., Pulverturm 16. Jh.
Seiten 21, 94, **95**, 95

Ardeck, Erzbischöfliche Burg,
Gau-Algesheim ④   **K 9**
Ehemalige Wasserburg der Mainzer Erzbischöfe 15. Jh.; im 16. Jh. verändert; Verwaltungssitz, Kindergarten; nur Außenbesichtigung.
Seiten 38, **39**

Arenfels, Bad Hönningen ⑤   **D 5**
Burg des 13. Jh. im 16. Jh. zum Renaissance-Schloß umgebaut; Mitte 19. Jh. durch K. F. Zwirner in ein neugotisches Schloß verwandelt. Liegt in den Weinbergen nördlich von Bad Hönningen, Zufahrt unter der B 42 hindurch, nur Außenbesichtigung möglich.
Seiten 83, **84**, 84

Schloß Biebrich,
Wiesbaden-Biebrich ⑥   **I 10**
Nassauische Residenz des 18. Jh.; nach Zerstörungen im Zweiten Weltkrieg wiederaufgebaut; Behördensitz (Landesamt für Denkmalpflege Hessen).
Besichtigung für Gruppen nur nach Absprache; öffentlicher Schloßpark mit der Moosburg (siehe dort).
Seiten **52/53**, 53, **54**, 54

Bonn siehe **Kurfürstliches Schloß**

Boosenburg, Rüdesheim ⑦   **K 8**
Turmburg des 12./13. Jh. mit neugotischem Wohnhaus am westlichen Ortsrand, nahe der Brömserburg. Privatbesitz, keine Besichtigung.
Seiten 60, **61**

Brömserburg, Rüdesheim ⑧   **K 8**
Niederungsburg des 11./12. Jh., im 19. Jh. zum Wohnsitz ausgebaut, am westlichen Ortsrand an der B 42. Rheingauer Museum und Museum für Geschichte des Weines.
Öffnungszeiten: Dienstag bis Sonntag 9 – 12 Uhr, 14 – 17 Uhr, von Pfingsten bis 15. September bis 18 Uhr; Dezember, Januar geschlossen.
Seiten 17, 24, 58 – 60, **60, 61**

Burghaus, Leubsdorf-Ariendorf ⑨ **D 4**
Neugotische Anlage mit spätmittelalterlichem Burghaus. Privatbesitz, keine Besichtigung.

Burg auf der Laach siehe **Weißburg**

Burghaus Friesdorf siehe **Friesdorfer Burghaus**

Burghaus siehe **Leubsdorfer Burghaus**

Burgkirche Oberingelheim,
Ingelheim ⑩   **K 9**
Gotische Kirche mit romanischem Turm im 15. Jh. zur Fluchtburg ausgebaut. Östlich der Ortsmitte Ingelheim-Süd gelegen und frei zugänglich.
Seiten 37, **38,** 38

Clemensruhe, Schloß,
Bonn-Poppelsdorf ⑪   **B 3**
Barockes Schloß aus der ersten Hälfte des 18. Jh. von R. de Cotte/G. Hauberat und B. Neumann an der Poppelsdorfer Allee. Universitätsinstitute, Außenbesichtigung.
Seiten **100/101**, 104

Crass, Eltville ⑫   **I 10**
Romanisches Burghaus, neugotisch umgestaltet, am östlichen Ortsrand und Rheinufer, Gaststätte.
Seiten 54, 55, **56**

Dattenberg, Dattenberg ⑬   **D 4**
Höhenburg Mitte 13. Jh., Ruine, Burggelände mit Jugenderholungsheim bebaut. Besichtigung nach Absprache.
Seiten 84, 85

Deuernburg siehe **Maus**

Drachenburg, Königswinter ⑭   **C 4**
Historistischer Schloßbau von W. Hoffmann Ende 19. Jh., auf halber Höhe am Drachenfels. Nach Besitzerwechsel derzeit nicht zu besichtigen.
Seite **87**, 87

Drachenfels, Königswinter ⑮   **C 4**
Höhenburg der Kölner Erzbischöfe Mitte 12. Jh., Ruine auf dem Gipfel. Fußweg, Zahnradbahn, Eselsritte von Königswinter, Restaurant.
Seiten 21, 86

Ehrenbreitstein,
Koblenz-Ehrenbreitstein ⑯   **F 6/7**
Burgenbauten der Trierer Erzbischöfe seit dem 11. Jh., jetzige Festung 1815 – 1832 errichtet. Zufahrt über Niederberg oder Sesselbahn von Ehrenbreitstein sowie Fußweg.
Landesmuseum Koblenz, Staatliche Sammlung technischer Altertümer (geöffnet: Mitte März bis ersten Sonntag im November täglich 9 – 12.30 Uhr, 13 – 17 Uhr), Wechselausstellungen.
Jugendherberge, Restaurant.
Seiten **18**, 22, 91 – 93, **93**

Ehrenfels, Rüdesheim ⑰   **K 8**
Hangburg des 13./14. Jh. in den Wein-

Weinreben bis vor die Haustür – das ist Schloß Johannisberg im Rheingau. Das Schloß aus dem 18. Jahrhundert ist Nachfolgebau eines bereits im 12. Jahrhundert gegründeten Klosters.

Wohnen in unserer Zeit: Auch heute kann man komfortabel in einer Burg leben. Die spätgotische Anlage der Oberen Burg von Rheinbreitbach wurde in ein Wohnhaus umgebaut.

tät, nach Zerstörungen im Zweiten Weltkrieg wiederaufgebaut.

Kurfürstliches Schloß,
Koblenz ㉟ **F 6**
Residenz des Trierer Kurfürsten Ende 18. Jh. errichtet, frühester klassizistischer Schloßbau im Rheinland, nach Zerstörungen im Zweiten Weltkrieg wiederaufgebaut. Behördensitz, nur Außenbesichtigung.

Kurfürstliche Stadtburg,
Koblenz ㊱ **F 6**
Stadtburg der Trierer Erzbischöfe 13. Jh., Erweiterungen vom 15. bis 18. Jh., Lage am Moselufer der Altstadt; Stadtbibliothek, Stadtarchiv.

Kurkölnische Stadtburg, Linz ㊲ **D 4**
Ehemalige Stadtburg der Kölner Erzbischöfe an der Nordwest-Ecke der Stadt, zweite Hälfte 14. Jh., Veränderungen im 18./19. Jh..
Innen ein Museum mechanischer Musikinstrumente (geöffnet: April bis Oktober täglich 11–17 Uhr; Führungen), Restaurant.

Lahneck, Lahnstein ㊳ **F 6**
Höhenburg 13./15. Jh., im 17. Jh. zerstört, Mitte 19. Jh. neugotisch wiederaufgebaut; Zufahrt von Oberlahnstein, Gaststätte.

Führungen zu jeder vollen Stunde 10–17 Uhr (März bis Oktober).

Langwerth von Simmern, Burg, siehe **Hattenheim**

Lede, Beuel-Vilich ㊴ **B 3**
Romanischer Wohnturm, gotische Wasserburg mit späteren Veränderungen; liegt an der Adelheidisstraße. Privatbesitz, nur Außenbesichtigung.

Leubsdorfer Burghaus,
Leubsdorf ㊵ **D 4**
Burghaus des 15. Jh. mit Erweiterung des 17. Jh. in der Ortsmitte; nur Außenbesichtigung.

Liebeneck, Haus, Osterspai ㊶ **G 6**
Herrensitz des 19. Jh. als Nachfolgebau eines Renaissance-Schlößchens oberhalb von Osterspai. Privatbesitz, keine Besichtigung.

Liebenstein, Kamp-Bornhofen ㊷ **G 7**
Höhenburg 13./14. Jh., Ausbauten im 17./18. Jh., Restaurierungen im 20. Jh.; Zufahrt aus dem Dahlheimer Tal, Fremdenzimmer, Restaurant.

Linz siehe **Kurkölnische Stadtburg**

Schloß Marienfels,
nordwestlich von Remagen ㊸ **D 4**

Historistischer Schloßbau des 19. Jh. oberhalb der B 9, Privatbesitz.

Marksburg, Braubach ㊹ **G 7**
Einzige unzerstört erhaltene Höhenburg im Rheintal, Bautätigkeit vom 13. bis 18. Jh., seit 1899 Sitz der Deutschen Burgenvereinigung e.V., umfangreichste historische Inneneinrichtung. Anfahrt durch das Zollbach- und Mühlbachtal, historischer Handwerkermarkt in der Burg von Himmelfahrt bis zum folgenden Sonntag. Öffnungszeiten: von Ostern bis 31. Oktober 10–17 Uhr, 1. November bis Ostern 11–16 Uhr, Burgschenke (geschlossen vom 20. Dezember bis 15. Februar). Führungen zur vollen Stunde im Winter, sonst ständig.

Marktburg siehe **Vorderburg**

Martinsburg, Oberlahnstein ㊺ **F 6**
Ehemalige Wasserburg der Mainzer Erzbischöfe am Rheinufer, 13./16. Jh. erweitert, im 18. Jh. barock verändert. Privatbesitz, Besichtigung des Burghofes und des Schloßparks.

Maus,
St. Goarshausen-Wellmich ㊻ **H 7**
Höhenburg 14. Jh., 1806 auf Abbruch versteigert, 1900/06 erneuter Ausbau, Fußweg von Wellmich und vom Wellmicher Bachtal.
Besichtigung nach Absprache mit dem Verkehrsamt; Greifvogelwarte mit Flugvorführungen täglich um 11, 14.30 und 16.30 Uhr (von Gründonnerstag bis Anfang Oktober).

Mäuseturm, Bingen ㊼ **K 8**
Zollturm als Außenstation der Zollburg Ehrenfels, 14. Jh., 17. Jh. zerstört, 1855 neugotisch restauriert; Schiffahrtssignalstation, keine Besichtigung.

Moosburg, Wiesbaden-Biebrich ㊽ **I 10**

An der Stelle einer mittelalterlichen Wasserburg 1804/05 als künstliche Ruine im Schloßpark der Residenz errichtet, nur Außenbesichtigung.
Seiten **20,** 24, **54,** 54, **55**

Muffendorf, Kommende,
Bonn-Muffendorf ㊾ **C 4**
Ehemalige Kommende des Deutschen Ritterordens, mittelalterliche Burg Anfang 18. Jh. in ein barockes Schlößchen verwandelt; keine Besichtigung.
Seiten 101, **102**

Namedy, Schloß,
Andernach-Namedy ㊿ **E 5**
Burg 13. Jh., 16. Jh. erweitert, 19. Jh. historistischer Ausbau; Lage am nordwestlichen Ortsrand; keine Besichtigung.
Seiten **89,** 95, **97**

Neukatzenelnbogen siehe **Katz**

Neuwied, Schloß, Neuwied (51) **E 5**
Schloß Mitte 17. Jh., 1694 abgebrannt, erste Hälfte 18. Jh. barocker Neubau; Lage am Rheinufer und Rand der Altstadt, keine Besichtigung.
Seiten **79,** 81, **82**

Niederburg siehe **Brömserburg**

Nollig (auch Nollich, Nolling),
Lorch (52) **I 8**
Wohnturm oberhalb von Lorch, 14. Jh., Innenausbau 1939. Privatbesitz, nur Außenbesichtigung, Fußweg von Lorch.
Seiten 21, 25, 65, **66/67**

Oberburg siehe **Boosenburg**

Peterseck siehe **Maus**

Pfalzgrafenstein (oder Pfalz),
Kaub (53) **I 7**
Zollburg auf einer Rheininsel, 14. Jh., barocke Dächer, nie zerstört, Zufahrt nur von Kaub mit dem Motorboot, Besichtigung, Führungen.
Öffnungszeiten: vom 1. April bis 30. September von 9–18 Uhr, 1. Oktober bis 31. März 9–17 Uhr (letzter Einlaß jeweils 60 Minuten vor Schließung, Mittagspause von 13–14 Uhr), am ersten Werktag einer jeden Woche sowie im Dezember geschlossen.
Seiten **7, 12, 16,** 24, **26–29,** 27–29

Philippsburg, Braubach (54) **G 7**
Renaissance-Schloß Mitte 16. Jh., Teile für den Bau der Eisenbahntrasse abgerissen; liegt an der Schloßstraße, Restaurant im Marstall.
Seiten **73,** 74

Philippsburg,
Koblenz-Ehrenbreitstein (55) **F 6**
Barockes Schloß Mitte 18. Jh., 1801 größtenteils gesprengt, Dikasterialgebäude, Krumm- und Marstall erhalten; Verwaltungssitz, nur Außenbesichtigung, Lage am Rheinufer unterhalb der Festung.
Seiten 91, **92**

Poppelsdorfer Schloß siehe **Clemensruhe**

Ramersdorf, Kommende,
Bonn-Beuel (56) **B 3**
Um 1220 Haus des Deutschen Ordens, historistischer Schloßbau des 19. Jh., Schloßmuseum.
Öffnungszeiten täglich 10–17.30 Uhr, sonn- und feiertags 11–17.30 Uhr; Hotel, Restaurant.
Seiten **101, 104,** 104, 105

Reichardshausen, Schloß,
Oestrich-Winkel (57) **I 9**
Schlichte Schloßanlage Mitte 18. Jh., Ende 19. Jh. künstliche Ruine zur Kaschierung von Wirtschaftsbauten hinzugefügt; an der B 42 zwischen Hattenheim und Oestrich. Privatbesitz, keine Besichtigung.

Reichenstein,
Trechtingshausen (58) **I 8**
Spornburg 11. Jh., Schildmauer 14. Jh., 1689 gesprengt, 19./Anfang 20. Jh. historistischer Wiederaufbau, Zufahrt vom südlichen Ortsrand.
Besichtigung täglich 10–18 Uhr (1. März bis 15. November), im Winter nach Vereinbarung; Hotel, Restaurant.
Seiten **5,** 18, **19, 21,** 21, 24, 41, **42,** 42, **43**

Rheinbreitbach,
Rheinbreitbach (59) **C 4**
Obere Burg: spätgotische Anlage, im 20. Jh. zum modernen Wohnhaus umgebaut, Schulstraße.
Untere Burg: nach 1965 vollständig abgebrochen.

Rheineck, Bad Breisig (60) **D 4**
Höhenburg 12. Jh., 17. Jh. zerstört, neuromanischer Wiederaufbau nach 1832, Zugang aus dem Vinxtbachtal. Privatbesitz, keine Besichtigung.
Seiten 18, 21, 95, **96,** 96

Rheinfels, St. Goar (61) **H 7**
Höhenburg Mitte 13. Jh., im 16. und 17. Jh. zur Festung ausgebaut, Ende 18. Jh. zerstört. Zufahrt von St. Goar, Besichtigung, Museum, Rittermahl nach Voranmeldung, Hotel, Restaurant.
Öffnungszeiten: 9–12 Uhr (April bis September), 9–17 Uhr (Oktober), im Winter bei guter Witterung samstags und sonntags.
Seiten **14/15,** 18, 21, 22, 24, **25, 37, 48, 49,** 49, 50, 51

Rheinstein, Trechtingshausen (62) **K 8**
Höhenburg, ältester Bau 10. Jh., Ausbau im 11./12. Jh., 16. Jh. Verfall, 19. Jh. neugotischer Wiederaufbau, nach 1975 umfangreiche Restaurierung. Fußweg von der B 9 südlich von Trechtingshausen, Besichtigung, Burgzimmer und Appartements, Feste im Rittersaal, Café.
Öffnungszeiten: April bis September täglich 9–19 Uhr, März, Oktober bis

Ursprünglich im 13. und 15. Jahrhundert erbaut, wurde Burg Lahneck in den Wirren des 17. Jahrhunderts zerstört. Im 19. Jahrhundert hat man sie – wie dieses Tor zeigt – im neugotischen Stil wiederaufgebaut.

Mitte November täglich 10–18 Uhr, im Winter nach Vereinbarung.
Seiten **9,** 18, 23, 24, 39, **40,** 40, **41,** 41

Rolandsbogen, Rolandseck ⑥³ **C 4**
Höhenburg der Kölner Erzbischöfe 13. Jh., Ruine, nur ein Fensterbogen erhalten, Fußweg von Rolandseck, Zufahrt von Mehlem-Rodderberg (an Sonn- und Feiertagen zeitweise gesperrt), Restaurant.
Seiten **98,** 98, 99

Sayn, Burg und Schloß,
Bendorf-Sayn ⑥⁴ **E 6**
Burg: Höhenburg 12. Jh., Ausbauten im 15. Jh., Besichtigung, im Bergfried Turmuhrenmuseum (geöffnet: täglich außer Montag 14–17 Uhr, jedoch nur nach telefonischer Vereinbarung ab 18 Uhr: 0 26 01/29 28) und Ferienappartements, Burgschenke.
Schloß: spätmittelalterliches Burghaus, Ausbau zum Schloß Mitte 18. Jh., 19. Jh. neugotisches Schloß, im Zweiten Weltkrieg zerstört, zur Zeit Wiederaufbau; Schmetterlingsgarten.
Seiten 79, **80,** 80, **81**

Scharfenstein, Kiedrich ⑥⁵ **I 9**
Höhenburg 12./14. Jh., seit 16. Jh. verfallen, offene Ruine (Grillplatz), Fußweg von Kiedrich, Suttonstraße.
Seite 56

Schönburg, Oberwesel ⑥⁶ **H 7**
Höhenburg 11./12. Jh., Ausbau 14. Jh., Verfall ab 17. Jh., Rekonstruktion seit Ende 19. Jh.; Besichtigung Burghöfe, Hotel, Kolpinghaus.
Seiten **16,** 16, **17,** 21, 25, **36/37, 46,** 46, **47,** 47, 49

Sinzig, Sinzig ⑥⁷ **D 4**
Neugotisches Schlößchen Mitte 19. Jh. auf älteren Fundamenten, Heimatmuseum, liegt nördlich der Stadtmitte. Öffnungszeiten: sonntags von 10–12 Uhr oder nach Vereinbarung.
Seiten 96, 97, **99**

Sooneck, Niederheimbach ⑥⁸ **I 8**
Höhenburg 11. Jh., Ausbau 13./14. Jh., 1689 zerstört, Mitte 19. Jh. durch preußische Prinzen wiederaufgebaut, Besichtigung mit Führung.

Öffnungszeiten: 1. April bis 30. September 9–12 Uhr, 14–18 Uhr, 1. Oktober bis 31. März 9–13 Uhr, 14–17 Uhr, letzter Einlaß 30 Minuten vor Schließung. Am ersten Werktag einer Woche sowie im Dezember geschlossen.
Seiten 18, 21, **22,** 23, 24, 42, 43, **44, 45**

Stadtburg siehe **Andernacher Stadtburg**

Stahlberg,
Steeg bei Bacharach ⑥⁹ **I 7**
Höhenburg 12./13. Jh., 1689 zerstört, offene Ruine, Fußweg von Steeg.
Seite 46

Stahleck, Bacharach ⑦⁰ **I 7**
Höhenburg 12./14. Jh., zerstört im 17. Jh., Wiederaufbau im 20. Jh., Besichtigung des Burghofes, Jugendherberge. Fußweg aus Bacharach an der Wernerkapelle vorbei, Zufahrt von der Straße nach Neurath.
Seiten 21, **23,** 25, 45, **46,** 46

Sterrenberg,
Kamp-Bornhofen ⑦¹ **G 7**

Höhenburg 12./14. Jh., im 16. Jh. aufgegeben, 20. Jh. Rekonstruktion einiger Teile, offene Ruine; Gaststätte, Fußweg von Bornhofen, Zufahrt aus dem Dahlheimer Tal.
Seiten 7, 70–72, **70, 71**

Stolzenfels,
Koblenz-Stolzenfels ⑦² **F 6**
Hangburg der Trierer Erzbischöfe des 13./15. Jh., 1689 zerstört, Mitte 19. Jh. Wiederaufbau durch den preußischen Kronprinzen, neugotisches Schloß, Fußweg von Kapellen.
Besichtigung mit Führung: 1. April bis 30. September 9–13 Uhr, 14–18 Uhr, 1. Oktober bis 31. März 9–13 Uhr, 14–17 Uhr, letzter Einlaß 30 Minuten vor Schließung; am ersten Werktag einer jeden Woche sowie im Dezember geschlossen.
Seiten 21, **22,** 23, 24, **25,** 32–35, **34, 35**

Thurnberg siehe **Maus**

Vollrads, Schloß,
Oestrich-Winkel ⑦³ **I 9**
Wohnturm um 1330, Mitte 17. Jh. Schloßbau, Privatbesitz, keine Besichtigung; Lukullische Weinproben im Schloß nach Voranmeldung.
Seiten **53,** 57, 58, **59**

Vorderburg, Rüdesheim ⑦⁴ **K 8**
Turmburg 12./13. Jh., zerstört und überbaut im 17. Jh., heute eingebaut zwischen Privathäusern am Marktplatz, keine Besichtigung.
Seite 58

Walluf, Nieder-Walluf ⑦⁵ **I 10**
Turmburg 10./11. Jh., Ruine am östlichen Ortsrand.
Seiten 17, 54

Weißburg, Rüdesheim ⑦⑥   **K 9**
Burg um 1100, Fundamente bei Baggerarbeiten am östlichen Ortsrand entdeckt und wieder zugeschüttet.
Seite 58

Weißenturm, Turmhaus,
Weißenthurm ⑦⑦   **E 5**
Wehr- und Wachturm um 1370 vom Trierer Erzbischof errichtet, Dach im 20. Jh. verändert; liegt in der Ortsmitte, nur Außenbesichtigung.
Seite **94,** 94

Windeck siehe **Wintereck**

Wintereck, Heidesheim ⑦⑧   **K 10**
Turmburg 12. Jh., im 16. Jh. erweitert. Privatbesitz, nur Außenbesichtigung, Bahnhofstraße 18.
Seite 37

Glossar

Balustrade: Geländer aus kleinen Säulchen
Bastion: vorspringender Bauteil einer Festung – oft sternförmig – zur besseren Verteidigung des Vorfelds
Bergfried: höchster Wehrturm einer Burg; nicht zum dauernden Bewohnen ausgestattet, aber letzte Zuflucht für Burgbewohner im Fall eines Angriffs
Bering: Ringmauer, die den gesamten Burgbereich umgibt
Buckelquader: großer Stein mit unregelmäßiger, buckeliger Oberfläche auf der Außenseite
Burg: befestigter Wohnsitz eines Feudalherren im Mittelalter
Doppelkapelle: zwei übereinander liegende Kapellen, durch eine Öffnung im Fußboden/in der Decke verbundene Kapellen; die obere war der Herrschaft vorbehalten, die untere dem einfachen Volk
Dreipaß: gotischer Bauschmuck: drei miteinander verbundene Kreisbögen, kleeblattähnlich
Ehrenhof: ein von drei Gebäudeflügeln umgebener Schloßhof
Fensterachse: vertikale Fensterfolge
Festung: ausschließlich zu Verteidigungszwecken errichteter Wehrbau

feudal: mittelalterliche Gesellschaftsordnung mit einer herrschenden Adelsschicht und abhängigen oder leibeigenen Untertanen
Ganerben: Erbengemeinschaft, die zum Beispiel gemeinsam eine Burg – Ganerbenburg – bewohnt
Gartenparterre: Gartenfläche, die sich unmittelbar an das Schloß anschließt; oft durch symmetrisch angelegte Blumenbeete gestaltet
Gefach: Zwischenraum im Holzgerüst eines Fachwerkbaus
gotisierend/historisierend: das Aufgreifen eines Kunststiles, wenn diese Stilepoche schon vorbei ist; etwa gotisierende/neugotische Architektur im 19. Jahrhundert
Halsgraben: besonders breiter und tiefer Burggraben auf der Angriffsseite, meist zum Berghang
Kaponniere: in den Festungsgraben vorspringender Bau
Kemenate: beheizbarer Wohnraum oder Wohnbau einer Burg, meist Frauengemach
Kernburg: innerer Burgbereich mit Bergfried und Palas, der oftmals in sich geschlossen – ummauert – ist
Kragen/vorkragen: aus der Mauer herausragende Stützen, wie beispielsweise Balken oder Konsolen, die einen vorstehenden Bauteil tragen
Kreuzstockfenster: schmales, hohes Fenster mit Fensterkreuz aus Stein oder Holz
künstliche Ruine: Bauwerk, das gleich als Ruine in die Landschaft gesetzt wurde
Kurtine: Wall oder Mauer zwischen den Bastionen einer Festung
Laterne: runder oder mehreckiger, kleiner Dachaufbau über der Mitte einer Kuppel oder eines Turmdachs
Lehen/Lehnsleute: Während des Mittelalters gaben Landesherren ihren Beamten keinen Lohn in Form von Geld, sondern Grundbesitz, der die nötigen Einkünfte abwarf
Marstall: aufwendig gebauter Pferdestall eines Fürsten, Teil der Schloßanlage
Maßwerk: geometrisch konstruiertes Bauornament der Gotik zur Gliederung von Fensterflächen oder als Wandschmuck auf eine Mauer gelegt

Ministerialen: Beamte eines Landesherrn, Lehnsleute
Mittelrisalit: ein in voller Höhe aus der Bauflucht in der Mitte eines Gebäudes vortretender Bauteil
Morgenstern: eine mittelalterliche Schlagwaffe: beweglich an einem Stock angebrachte Eisenkugel mit spitzen Zacken
Mantelmauer siehe Bering
Orangerie: Gewächshaus am Schloß, anfangs für Orangenbäumchen, später für alle exotischen Pflanzen
Palas: Wohnbau der Burg, repräsentatives Gebäude mit Rittersaal
Pechnase: kleiner Erker mit Bodenöffnung über einem Tor, aus dem heißes Pech oder Öl auf Angreifer gegossen wurde
Pfalz: königlicher oder bischöflicher Verwaltungssitz und vorübergehendes Wohngebäude für den herumziehenden Hofstaat vor der Errichtung ständiger Residenzen
polygonal: mehreckig
Portikus: Säulenvorhalle
Reichsburg/reichsfrei: man untersteht nicht einem Landesherrn, sondern direkt dem Kaiser oder König
Ringmauer sieht Bering
Rotunde: Bauwerk mit kreisförmigem Grundriß
Rundbogenfries: ein waagerechter Schmuckstreifen aus aneinandergereihten Rundbögen auf einer Mauer
Säkularisation: Verweltlichung des Kirchenbesitzes
Schalenturm: runder oder eckiger Turm im Verlauf einer Mauer, der zur geschützten Innenseite offen ist, dort also keine Mauer besitzt
Schildmauer: besonders verstärkter Teil der Ringmauer auf der Angriffsseite
Stufengiebel: abgetreppter Giebel, beliebt im Mittelalter
Vogt/Vogtei: Richter und Verwalter als Stellvertreter des Landesherrn; Vogtei ist der Amtsbezirk des Vogts
Wehrplatte: oberstes Geschoß eines Wehrturms
Zwillingsarkade: zwei nebeneinander liegende Bögen
Zwinger: Bereich zwischen zwei Wehrmauern oder Wällen, Falle für den eingedrungenen Feind

Literatur

Borst, Otto: Alltagsleben im Mittelalter, Frankfurt 1983

Caboga, Comte Herbert de: Die Burg im Mittelalter, Geschichte und Formen, Frankfurt 1982

Dehio, Georg: Handbuch der Deutschen Kunstdenkmäler, Bände: Hessen, Rheinland, Rheinland-Pfalz

Handbuch der Historischen Stätten, Bände: Hessen, Nordrhein-Westfalen, Rheinland-Pfalz

HB-Bildatlas Nr. 90, Hunsrück, Naheland, Rheinhessen, Hamburg 1990

HB-Bildatlas Nr. 98, Westerwald, Taunus, Rheingau, Hamburg 1991

HB-Kunstführer Nr. 9, Koblenz und der Mittelrhein, Hamburg 1984

Horn, W. O. von: Der Rhein, seine Geschichte und seine Sagen, Faksimile-Druck der Originalausgabe von 1881, Eltville 1978

Peysner, Sir Nikolaus (Hrsg.): Lexikon der Weltarchitektur, München 1971

Schneider, Helmut J. (Hrsg.): Der Rhein, seine poetische Geschichte in Texten und Bildern, Frankfurt 1983

Autorin

Dr. Gabriele M. Knoll studierte in Köln und Bonn u. a. Historische Geographie und Kunstgeschichte. Als freiberufliche Autorin mit dem Interessenschwerpunkt angewandte römische Kultur- und Alltagsgeschichte veröffentlichte sie neben anderem Reiseführer über das Rheinland.

Bildnachweis

Exklusiv-Fotografie: Jürgen Wiese, Düsseldorf (164), HB-Bildarchiv (8)

Karte: Studio für Landkartentechnik, Norderstedt

Impressum

© 1991 für den gesamten Inhalt, soweit nicht anders angegeben, by HB Verlags- und Vertriebs-Gesellschaft mbH, Alsterufer 4, 2000 Hamburg 36, Telefon (040) 41 51–850
Geschäftsführer: Kurt Bortz, Dr. Joachim Dreyer, Eike Schmidt

Produktion und Redaktion:
Harksheider Verlagsgesellschaft mbH, Fabersweg 1, Postfach 52 49, 2000 Norderstedt, Telefon (040) 5 23 40 75, Telefax (040) 5 23 40 56

Redaktion (verantwortlich):
Ulrike Klugmann
Grafische Gestaltung:
Gerhard Keim, Frankfurt/Main

Nachdruck, auch Auszugsweise, nur mit ausdrücklicher Genehmigung des Verlages.

Anzeigenalleinverkauf:
KV Kommunalverlag GmbH, Arabellastraße 4/XII, Postfach 81 05 65, 8000 München 81, Tel. (089) 92 80 96-30, Fax (089) 92 80 96-20, Teletex 17898397 kornver
Vertrieb Zeitschriftenhandel:
PARTNER PRESSE VERTRIEB GMBH, Widmaierstr. 110, 7000 Stuttgart 80, Fax (07 11) 7 28 84 10, Telex 7 255 949
Vertrieb Abonnement und Einzelhefte:
ZENIT PRESSEVERTRIEB GMBH, Widmaierstr. 110, 7000 Stuttgart 80, Tel. (07 11) 20 05-97, Fax (07 11) 7 28 84 10, Telex 7 255 949
Vertrieb Buchhandel: GeoCenter Verlagsvertrieb GmbH, Neumarkter Straße 18, 8000 München 80, Tel. (089) 43 18 90, Fax (089) 4 31 28 37, Telex 5 23 259
Satz: Lübecker Fotosatz GmbH, Lübeck
Reproduktionen: Otterbach Repro GmbH & Co., Rastatt
Druck: Konradin Druck, Leinfelden-Echterdingen
Printed in Germany
ISBN 3-616-06731-6

Ausgelassene Stimmung. Der Rhein im Feuerzauber. Bengalische Beleuchtung und buntes Treiben erfüllen die laue Sommernacht. Ein kühles Glas Wein läßt so manche kleine Sorge des Alltags vergessen.

Die einen schunkeln, singen und tanzen in fröhlicher Runde. Die anderen stürzen sich in den Zauber von Licht, Sound und High-Tech.

So oder so: Bingen bietet Lebensfreude pur zu allen Jahreszeiten.

Bingen
am Rhein
live

Sommergarten Palazzo
Sonntag mittag. Licht und Schatten unter alten Bäumen. Die Band spielt Dixie. Gebratenes duftet vom Grill. Bier und Wein für durstige Kehlen. Kaffee und Kuchen am Nachmittag. Eine frische Abendbrise lädt zum langen Verweilen ein - oder zum Übergang in "heißere Gefilde" - die "Palazzo Discothek".

Atlantis-Hotel
Eine Prise Karibik, ein Hauch von Abenteuer und ein Inselerlebnis, ohne gleich in See stechen zu müssen. Eine eigenwillige und faszinierende Hotelwelt, ein beruhigendes Spiel aus Licht, Wasser und Farbe. Außergewöhnlicher Komfort der Extraklasse - ob die Nacht zur Erholung oder zum Erlebnis wird ist den Gästen selbst überlassen.

Freizeit und Erholung. Kongress und Tagung. Entdecken und erleben. Kultur, Bildung und Sport. Die Stadt Bingen, das Atlantis Rheinhotel mit Abendlokal "Die Insel", der Sommergarten und die Disco "Palazzo" sind für alle Wünsche offen. Ob Sie alleine, in netter Gesellschaft oder in Gruppen bis zu 800 Personen Ihre Reise planen, wir beraten Sie gerne und erstellen Ihnen auf Wunsch ein individuelles Programm.

Nähere Informationen und Sonderprospekte erhalten Sie bei der Tourist-Information, Rheinkai 21, 6530 Bingen am Rhein, Telefon 0 67 21 / 1 42 69 oder 184-205, Fax 1 62 75.

Freizeit und Erholung an einem der schönsten Plätze Deutschlands!
Direkt am Rhein-Nahe-Eck gelegen, 135 Komfortzimmer, Abendlokal "Die Insel", Fitness pur mit Sauna, Solarium und Whirl-Pool. Sieben Konferenzräume und drei Säle im anschließenden "Rheintal-Kongress-Zentrum".

Sommergarten
Gartenparty mit live Musik, nicht nur am Sonntag. Von Mai bis September können Sie im Sommergarten Feste feiern, lecker essen und trinken, die Sommerfrische genießen. Darum ist es am Rhein so schön!

It's Disco-Time
Eine einmalige Atmosphäre, mit raffinierten Licht-Effekten und Laser-Shows - eine der stärksten Discos Deutschlands.

KENNEN SIE EIN FIRST CLASS-HOTEL, VON DEM AUS SIE DIE SCHÖNSTEN 830 KM DES RHEINS ÜBERBLICKEN KÖNNEN?

Nehmen Sie Platz auf einem unserer sieben Kreuzfahrtschiffe. Genießen Sie den Komfort eines Luxus-Hotels. Und lassen Sie die schönsten Landschaften an sich vorüberziehen. Vom Oberrhein mit Schwarzwald und Vogesen über den einzigartigen Mittelrhein mit seinen Burgen und Schlössern bis zum geruhsamen Niederrhein. Reisen Sie mit uns von Basel bis Amsterdam. Oder umgekehrt. Und entdecken Sie die Faszination historischer Städte und romantischer Winzerdörfer ohne Hektik, Stau und Hotelwechsel.

Nähere Informationen über Reiseprogramme, Preise und Termine in Ihrem Reisebüro oder bei uns in 5000 Köln 1, Frankenwerft 15, Tel. 0221/2088-318+319, Fax 0221/2088-229.

Wann dürfen wir Sie an Bord willkommen heißen?

KD
Köln-Düsseldorfer
Kreuzfahrten auf Europas Flüssen.

MARITIM Hotel Köln

MARITIM Hotel Königswinter

MARITIM Hotel Bonn